ALEXANDRA MOLINA · JOAQUIN MOLINA

Soul mate

Den richtigen Partner finden
und eine glückliche Beziehung leben

Schirner Verlag

Die Ratschläge in diesem Buch sind sorgfältig erwogen und geprüft. Sie bieten jedoch keinen Ersatz für kompetenten medizinischen Rat, sondern dienen der Begleitung und der Anregung der Selbstheilungskräfte. Alle Angaben in diesem Buch erfolgen daher ohne Gewährleistung oder Garantie seitens der Autoren oder des Verlages. Eine Haftung der Autoren bzw. des Verlages und seiner Beauftragten für Personen-, Sach- und Vermögensschäden ist ausgeschlossen.

Dieses Buch enthält Verweise zu Webseiten, auf deren Inhalte der Verlag keinen Einfluss hat. Für diese Inhalte wird seitens des Verlages keine Gewähr übernommen. Für die Inhalte der verlinkten Seiten ist stets der jeweilige Anbieter oder Betreiber der Seiten verantwortlich.

Wir verzichten auf das Einschweißen unserer Bücher – **UNSERER UMWELT ZULIEBE!**

ISBN Printausgabe 978-3-8434-1503-3
ISBN E-Book 978-3-8434-6491-8

Alexandra Molina & Joaquin Molina: Soulmate – Den richtigen Partner finden und eine glückliche Beziehung leben

Umschlag: Simone Fleck & Anna Twele, Schirner, unter Verwendung von #1146140957 (© More Images) und #475212322 (© Olga_C), www.shutterstock.com
Layout: Simone Fleck, Schirner
Lektorat: Kerstin Noack-Zakel, Schirner
Printed by: Ren Medien GmbH, Germany

www.schirner.com

1. Auflage Juni 2022

Für die Liebe

Inhalt

Das erwartet dich in diesem Buch 7
Unsere Soulmates 10

KAPITEL 1: *Liebe finden* 17

Was wir von Liebe erwarten 18
Was macht es uns so schwer, die Liebe zu finden? 23
Zwei große Missverständnisse über die Liebe 25
Wie wir Liebe begrenzen 31
Liebe kann uns herausfordern 38
So erkennst du deinen Soulmate 44
Heile dein verletztes Herz 54
Lasse deine Ex-Beziehung(en) los 61
Löse alte Muster 63
Vergib deinem Ex-Partner und dir selbst 68
Hast du den richtigen Partner an deiner Seite? 74
So findest du deinen Soulmate 78
Wo ist die Liebe? 83
Lasse deine Zweifel los 90
Wie mit Sorgen und Ängsten umgehen? 95
Wovon gehst du aus: Worst oder Best Case? 102
Bist du bereit für deinen Soulmate? 105

KAPITEL 2: *Liebe halten* 109

Was braucht eine glückliche Beziehung? 111
So meistert ihr Herausforderungen 116
Wie Konflikte und Dramen entstehen 126
Typische Konflikte in der Partnerschaft und
wie du mit ihnen umgehst 131
Von- und miteinander lernen 137
Kommunikation in der Beziehung 140
So stärkst du deine Beziehung durch Kommunikation 142
Gefühle erkennen – oder:
Wie drückst du deine Liebe aus? 146
Bedürfnisse erkennen 149
Geheimnisse einer glücklichen Partnerschaft 152
Wie Kinder die Partnerschaft verändern 161
Eure Zukunft gemeinsam gestalten 165
Dein Lebenssinn 169
Die Liebe lebendig halten:
Praktische Tipps für eine glückliche Beziehung 174
Happy End 178

Danke 179
Quellenverzeichnis 180
Bildnachweis 180
Über die Autoren 181

»Es gibt keine stärkere Kraft als die Liebe.
Liebe muss uns nicht finden.
Doch manchmal helfen uns andere Personen,
sie in uns wiederzuentdecken und zu teilen.«

Alexandra

Das erwartet dich in diesem Buch

Liebe ist ein Thema, über das man nie genug schreiben und erzählen kann. Denn Liebe ist die stärkste Kraft und das, was uns alle in unserem Leben antreibt. Wir alle suchen nach ihr, wir alle sehnen uns nach ihr. Und im Grunde ist alles, was wir tun, ein Ausdruck von Liebe oder der Suche nach ihr.

Vielleicht bist auch du auf der Suche. Und vielleicht fragst auch du dich, wo du die Liebe finden kannst. Wenn du schon Bücher von mir (Alexandra) gelesen hast, weißt du, dass meine Erfahrung ist, dass wir die Liebe in uns finden. Dass wir alles in uns finden, was wir im Außen suchen. Dass wir weder Partner, Kind, Status, Job noch materielle Dinge benötigen, um wertvoll und vollständig zu sein. Auch wenn uns die Gesellschaft, in der wir leben, immer wieder das Gegenteil suggeriert. Die Wahrheit ist: Wir müssen nichts tun, niemanden finden, nichts leisten oder werden, um wertvoll zu sein, Liebe zu verdienen und zu leben. Denn wir sind schon wertvoll. Liebe ist unsere Essenz.

Und dennoch ist es das Schönste, diese Liebe mit der richtigen Person zu teilen. Mit deinem **Soulmate.** Dem Menschen, der dich versteht, dem du vollkommen vertraust, mit dem du wächst. Deinen Soulmate und dich verbindet etwas, was mit dem Verstand nicht zu greifen ist. Ihr seid euch unglaublich vertraut, fühlt euch angekommen beim anderen, seid stark zusammen. Und zugleich lernt ihr mit- und voneinander. Ihr meistert Herausforderungen und spiegelt euch eure tiefsten Themen. Dein Soulmate ist der Partner an deiner Seite, der dich dabei unterstützt, ganz du zu sein. Der dich an die bedingungslose Liebe erinnert. Denn im Grunde ist die bedingungslose Liebe, die die andere Person in dir wachruft und nach der du dich vielleicht gerade sehnst, schon jetzt in dir. Sie schlummert vielleicht noch oder ist verdeckt von verdrängten Gefühlen und

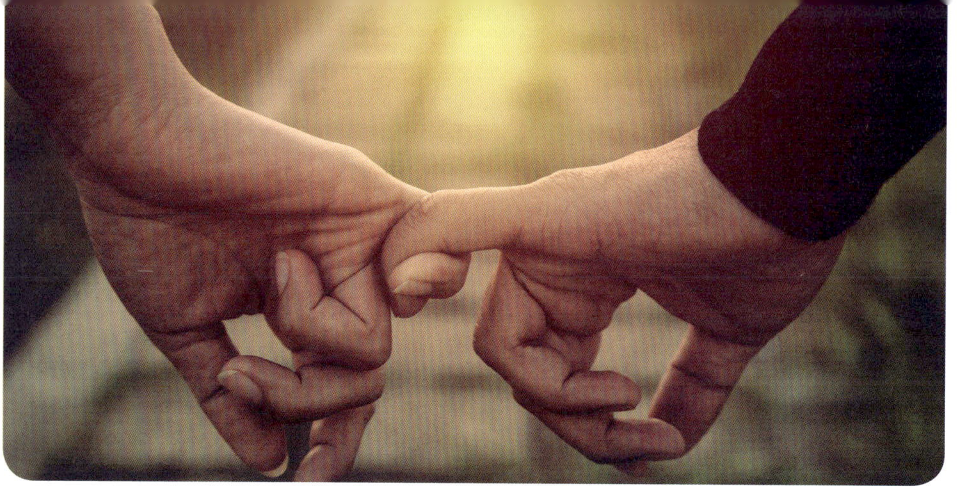

Verletzungen. Aber sie ist da. Diese bedingungslose Liebe spürst du in einer Partnerschaft mit deinem Soulmate. Weil da plötzlich eine andere Person ist, die diese Liebe in deinem Herzen erweckt. Die diese Liebe in dir erkennt und sie dir spiegelt.

Aus unserer Coachingpraxis wissen wir, dass viele Menschen sich danach sehnen, diese bedingungslose Liebe zu erleben. Wir werden oft gefragt, wie man seinen Seelenpartner findet. Und die Antworten darauf findest du in diesem Buch. Wir waren selbst lange unbewusst auf der Suche nach unserem Soulmate und haben ihn ineinander gefunden. Unsere persönlichen Erfahrungen sowie viele Coachingübungen und Praxisbeispiele möchten wir in diesem Buch ebenso mit dir teilen wie die Erfahrungen anderer Paare, die wir zu den wichtigsten Themen im Hinblick auf Liebe, Partnersuche und Beziehung befragt haben. Dieses Buch ist also eine Sammlung von Expertentipps dafür, die große Liebe zu finden und zu halten. Von Paaren, die Höhen und Tiefen erlebt haben, die gemeinsam auch durch schwierige Zeiten gegangen und teilweise schon sehr viele Jahre zusammen sind. Wir hoffen, dass die Anekdoten, Beispiele und Erfahrungen dich, oder, wenn ihr das Buch als Paar lest, euch, auf deinem oder eurem Weg unterstützen.

Im ersten Kapitel geht es darum, wie wir die Liebe finden. Du erfährst, woran du deinen Soulmate erkennst und was wichtig ist, um ihn in dein Leben zu lassen, welche Merkmale eine Seelenpartnerschaft hat und wie du mit Herausforderungen auf den ersten Metern umgehen kannst. Darüber hinaus nehmen wir uns Zeit, alte Verletzungen im Hinblick auf Liebe und Beziehungen zu heilen, decken negative Beziehungsmuster auf und verändern sie, sodass du dich wirklich für deinen Seelenpartner öffnen kannst.

Im zweiten Kapitel geht es darum, wie wir die Liebe zu unserem Soulmate halten. Du erfährst, was du selbst tun kannst, um langfristig eine glückliche und erfüllte Partnerschaft zu leben. Wir beleuchten die Themen »Konflikte« und »Kommunikation« sehr eingehend und teilen mit dir wirkungsvolle Tools aus der Coachingpraxis. Wir sprechen auch darüber, wie Kinder eine Partnerschaft verändern, was die Geheimnisse einer glücklichen Beziehung sind, und zeigen auf, wie du und dein Partner gemeinsam wachsen und eure Zukunft aktiv gestalten könnt. Auch in diesem Kapitel findest du, und findet ihr als Paar, zahlreiche wertvolle Coachingübungen, Expertentipps und Praxisbeispiele. Zudem erwarten euch viele praktische Tipps, die ihr im Alltag sofort umsetzen könnt, um eure Liebe und eure Beziehung zu stärken und lebendig zu halten.

Für uns ist dieses Buch ein echtes Herzensprojekt. Der Start in unsere Beziehung war nicht leicht, aber wir sind unserem Herzen gefolgt. Und daher möchten wir auch dir Mut machen, deinem Herzen zu folgen, mögliche Hürden zu überwinden, alte Muster loszulassen und dich ganz für die Liebe zu öffnen, um zusammen mit deinem Soulmate ein glückliches Leben zu führen.

Wir wünschen dir viel Freude beim Lesen und hoffen, unser Buch zeigt dir neue Wege auf, die dir helfen, die Liebe zu finden und zu halten.

Alles Liebe
Alexandra und Joaquin

HINWEIS:

Wir haben in diesem Buch der Einfachheit und Übersichtlichkeit halber eine genderneutrale Sprache gewählt und werden ausschließlich die männliche Form verwenden, auch wenn alle Geschlechter gemeint sind. Selbstverständlich darfst du dich, wenn du auf der Suche nach deiner Seelenpartnerin bist, ebenfalls angesprochen fühlen und dir die weibliche Form dazudenken.

Unsere Soulmates

Annika und Frederick

Annika und Frederick sind verheiratet und haben drei Kinder. Annika ist Moderatorin und Sprecherin. Frederick ist Schauspieler. Als sie zusammenkamen, war Annika Anfang 30 und Frederick Anfang 20. Die zehn Jahre Altersunterschied waren für einige in ihrem Umfeld ein Problem, und so mussten sie sich vielen kritischen Stimmen stellen. Doch die beiden spürten, dass sie zusammengehören, folgten ihrem Herzen, und schon nach einem Jahr Beziehung kam ihr erstes Kind zur Welt. Annika und Frederick wissen, wie man anfängliche Herausforderungen überwindet und wie es als Paar, das im Rampenlicht steht, gelingt, eine glückliche Partnerschaft zu führen. Annika sagt, Freddy ist alles für sie. Und Liebe ist, Vertrauen und ein warmes Gefühl zu haben, wenn man an den anderen denkt.

Julia und Sascha

Julia und Sascha sind seit über zehn Jahren ein Paar. Sie sind verheiratet und haben ein Kind. Julia ist Managerin, und ihr Mann ist Sänger, bekannt als Sasha. Sie haben ineinander die große Liebe gefunden, auch wenn es für sie zu Beginn einen Berg von Herausforderungen zu bewältigen gab. Julia sagt, als sie Sascha das erste Mal sah, wusste sie ganz tief drinnen, dass da etwas ganz Wunderbares auf sie zukommt.

Bea und Mike

Bea und Mike sind seit vier Jahren ein Paar. Bea hat zwei Kinder aus erster Ehe, Mike brachte ebenfalls zwei Kinder mit in die Beziehung. Bea arbeitet als Coach und Mike als Elektrotechniker. Beas erste Ehe war eher toxisch, sagt sie. Beruflich unterstützt sie Frauen dabei, sich aus toxischen Beziehungen zu befreien und deren eigenen Weg zu gehen. Ihr Partner Mike verkörpert für sie Stärke, Lebensfreude, Verlässlichkeit, Vertrauen und Liebe.

Mehr zu Beas Arbeit findest du unter:
www.femalelightning.de

Inga und Franz

Inga und Franz sind seit neun Jahren ein Paar. Sie haben zwei gemeinsame Kinder. Inga ist Autorin und Franz Produktmanager. Inga hatte immer den Traum von der großen Liebe und hat einiges dafür getan, diese auch zu finden. Heute schreibt sie selbst Bücher über die Liebe. Denn, sagt sie, die Liebe ist ihr Lebenssinn. Ihr Partner Franz verkörpert für Inga Ruhe, Sicherheit und das Gefühl, am richtigen Ort zu sein.

Mehr zu Ingas Arbeit findest du unter:
www.ingahanka.de

Daniela und Tom

Daniela und Tom sind seit drei Jahren ein Paar. Daniela ist Physiotherapeutin und Coach. Sie hat eine Tochter aus erster Ehe und versteht sich noch sehr gut mit ihrem Ex-Mann Sven. In ihrer Arbeit unterstützt sie Frauen dabei, deren eigene Wahrhaftigkeit auch in deren Beziehungen zu leben.

Mehr zu Danielas Arbeit findest du unter:
www.daniela-engnoth.de

Bettina und Tino

Bettina und Tino sind seit 22 Jahren zusammen. Unter dem Namen ONITANI machen sie Seelen-Musik und lassen ihre Verbindung zum Kosmos durch diese zum Wohle der Menschen, für Heilung und Freiheit fließen. Bettina und Tino kennen aus eigener Erfahrung Höhen und Tiefen einer Beziehung und wissen, wie man mit dem Seelenpartner auch spirituell wachsen kann. Bettina sagt, Tino ist ihre große Liebe.

Mehr zu ONITANI findest du unter:
www.onitani.com

Melanie und Kai

Melanie und Kai sind seit fünf Jahren zusammen, haben noch keine Kinder. Kai arbeitet als Radiomoderator, Melanie ist Filmemacherin. Sie haben letztes Jahr geheiratet.

Stefanie und David

Stefanie und David sind seit 15 Jahren ein Paar. Sie sind verheiratet und haben zwei Töchter. Stefanie arbeitet im Marketing und David als Brand Manager bei einem Radiosender. Sie teilen mit uns in diesem Buch, wie es ist, die große Liebe endlich zu finden, und wie man auch als Eltern ein glückliches Paar bleibt. Stefanie sagt, David verkörpert für sie Sicherheit, Geborgenheit und bedingungslose Liebe.

Darija und Frank

Darija und Frank sind seit 14 Jahren ein Paar. Sie sind verheiratet, haben eine gemeinsame Tochter und Frank einen Sohn aus erster Ehe. Als sie sich gefunden haben, mussten sie viele Herausforderungen meistern. Beide waren damals in einer Beziehung und arbeiteten im selben Unternehmen. Fast alles sprach gegen ihre Verbindung, aber sie haben sich von ihrem Herzen leiten lassen.

Deborah und Sven

Deborah und Sven sind seit 20 Jahren zusammen. Sie sind verheiratet und haben drei gemeinsame Kinder. Sven verkörpert für Deborah Stabilität, Einigkeit und Zusammengehörigkeit. In diesem Buch teilen die beiden ihr Geheimnis für eine glückliche, langjährige Beziehung mit uns.

Louisa und Daniel

Louisa und Daniel sind seit vier Jahren ein Paar. Louisa hat zwei und Daniel drei Kinder aus erster Ehe. Louisa arbeitet als Managerin in einem Modeunternehmen, Daniel ist KFZ-Mechaniker. Bei ihnen wurde aus Freundschaft die große Liebe. Welchen Herausforderungen sie sich zu Beginn ihrer Beziehung stellen mussten und wie es ist, in einer Patchworkfamilie zu leben, teilen sie mit uns in diesem Buch, möchten dabei aber gern anonym bleiben.

Lara und Veronika

Lara und Veronika sind seit sechs Jahren zusammen und haben eine Tochter. Lara arbeitet als Managerin und Veronika als Journalistin. Sie geben uns Einblicke in die Beziehung mit ihrem Soulmate, möchten aber gern anonym bleiben, daher sind ihre Namen geändert.

Eva und Max

Eva und Max sind seit 20 Jahren ein Paar. Sie sind verheiratet, haben drei gemeinsame Kinder. Eva ist Sozialpädagogin, Max arbeitet im Vertrieb. Die beiden verbindet eine Jugendliebe. Zum ersten Mal gesehen haben sie sich, als Eva 14 und Max 21 Jahre alt war. Zusammengekommen sind sie allerdings erst sechs Jahre später. Sie wissen um die Hürden und Freuden einer langjährigen Beziehung, möchten aber gern anonym bleiben, daher sind ihre Namen geändert.

Simon und Marc

Simon und Marc sind seit 15 Jahren ein Paar und seit einem Jahr verheiratet. Simon arbeitet im Vertrieb, Marc als Modedesigner. Beziehung leben bedeutet für die beiden, füreinander da zu sein. Sie teilen mit uns in diesem Buch ihre Erfahrungen einer langjährigen Beziehung, möchten aber gern anonym bleiben, daher sind ihre Namen geändert.

Das sind wir: Alexandra und Joaquin

Wir sind seit elf Jahren ein Paar, haben zwei gemeinsame Kinder und Joaquin zwei Kinder aus erster Ehe. Ich (Alexandra) bin zertifizierter Coach und Autorin. Ich (Joaquin) bin ebenfalls zertifizierter Coach und arbeite im Bereich Human Resources. Wir waren beide schon einmal verheiratet und teilen in diesem Buch die Herausforderungen, die wir zu Beginn unserer Beziehung zu meistern hatten, sowie die Chancen, die eine Patchworkfamilie bietet. Bereits vor einigen Jahren hatten wir den tiefen Wunsch, zu diesem Thema gemeinsam etwas zu entwickeln. Was ursprünglich als Seminar geplant war, hat nun seine Form mit diesem Buch gefunden. Wir coachen zudem Einzelpersonen und Paare zum Thema »Beziehungen«.

Mehr zu unserer Arbeit findest du unter: www.alexandramolina.de

Kapitel 1:

Liebe finden

Was wir von Liebe erwarten

»**Es** geht in einer Partnerschaft nicht darum, vollständig zu werden. Du bist so, wie du bist, schon vollständig.« *Alexandra*

Unsere Vorstellungen über Liebe und Beziehungen entstehen schon in unserer Kindheit. Als kleines Mädchen hatte ich (Alexandra) die Vorstellung, dass mich irgendwann ein heldenhafter Prinz retten würde. Ich wusste zwar nicht, wovor er mich retten sollte, aber ich glaubte, dass er es auf jeden Fall tun müsse und dass wir anschließend heiraten und bis an unser Lebensende glücklich zusammenleben würden. So sehr beeinflussten Märchen und Kindergeschichten das, was ich über mich, mein Leben, die Welt und eben auch die Liebe dachte und zu wissen glaubte. Diese inneren Überzeugungen aus meiner Kindheit bestimmten unbewusst auch meine Partnerwahl und meine ersten Beziehungen.
Als mir im Laufe meiner Entwicklung klar wurde, dass ich nicht gerettet werden musste, sondern selbst stark bin und verantwortlich dafür, dass ich glücklich bin, hat sich auch in meinen Partnerschaften einiges geändert. Ich wurde selbstbewusster, selbstsicherer und selbstwirksamer – und habe neue Erwartungen an eine Partnerschaft gestellt. Beziehungen führte ich nun auf Augenhöhe.

Vor allem die Themen »Eigenverantwortung« und »Selbstwirksamkeit« spielen meiner Meinung nach in Beziehungen eine entscheidende Rolle. Denn wenn wir glauben, unser Glück sei von anderen abhängig oder andere seien für unser Glück verantwortlich, nehmen wir die Rolle des »Opfers« ein, auch wenn wir uns darüber nicht bewusst sind. Warum »Opfer«? Weil wir uns hilflos fühlen und wenig selbstwirksam. Wir geben dem Partner dann (vielleicht unbewusst) Verantwortung für etwas, was er nicht beeinflussen kann: nämlich, ob wir glücklich sind.

»**Die** Liebe hat mir niemals versprochen, mich glücklich zu machen. Das habe *ich* mir von ihr versprochen. Was die Liebe mir versprechen kann, ist, dass sie da ist. Damit klarzukommen, das anzuerkennen und zu spüren, wie schön das ist, das ist Selbstverantwortung.« *Inga*

Meine Ex-Schwiegermutter sagte einmal zu mir, dass ihr Mann nicht für ihr Glück verantwortlich sei. Ich weiß noch, dass ich damals mit Mitte 20 darüber geradezu geschockt war. Ich hatte so gehofft, dass mein Mann und ich dazu da waren, uns gegenseitig glücklich zu machen. Für mich gehörte das zur großen Liebe, zu meinem »Märchen« dazu. Und doch verstehe ich heute, was sie meinte, und kann ihr nur recht geben:

Wir sind in erster Linie selbst dafür verantwortlich, ob wir glücklich sind oder nicht.

Natürlich tragen äußere Umstände zu unserem Glück und Wohlbefinden bei, aber die Verantwortung für unsere Gedanken, unsere Gefühle, unser Handeln, unsere Entscheidungen und unsere Sichtweise auf das Leben liegt bei uns selbst.

SELBSTREFLEXION

› Welche Sichtweise hast du auf dein Glück, deinen Partner und dein Leben?
› Lebst du selbstwirksam und eigenverantwortlich? Oder gibst du die Verantwortung für dein Wohlbefinden an andere Menschen, zum Beispiel deinen Partner, ab?
› Welche Erfahrungen (vielleicht auch deiner Eltern oder Großeltern) und welche Überzeugungen über Glück, Liebe und Partnerschaft beeinflussen dein Leben?

Als wir unsere Soulmates gefragt haben, was Liebe für sie bedeutet, gaben sie uns folgende Antworten:

»Liebe bedeutet für mich, einem Menschen bedingungslos Vertrauen zu schenken, ihm Wertschätzung entgegenzubringen, ihn nicht zu verändern, sondern ihm zu helfen, sich weiterzuentwickeln. Sich auch körperlich zu jemandem hingezogen zu fühlen und die Nähe der Person zu suchen. Sein zu können, wer man ist, und trotzdem oder gerade deshalb geliebt zu werden. Liebe ist unendlich.« *Joaquin*

»Früher habe ich geliebt, um geliebt zu werden. Dabei habe ich vergessen, mich selbst zu fragen: Liebe ich denjenigen überhaupt? Heute bedeutet Liebe alles für mich. Alles beginnt und endet mit Liebe. Und für mich ist Liebe auch der Weg, ich selbst zu werden.« *Inga*

»Liebe heißt Vertrauen. Liebe bedeutet für mich, dass man ohne den anderen nicht sein kann, sich braucht. Sich stützt, da ist. Nie allein, sondern immer gemeinsam.« *Annika*

»Liebe bedeutet Nähe, Vertrauen, dem anderen in die Augen zu blicken und ihn zu *sehen*.« *Deborah*

»Liebe bedeutet füreinander da sein – in guten wie in schlechten Zeiten. Sich auf jemanden verlassen können. Ein wohliges Gefühl – die wohltuende Wärme des anderen spüren.« *Darija*

»Ich bin eine totale Romantikerin. Liebe macht das Leben für mich erst lebenswert.« *Stefanie*

»Für mich bedeutet Liebe, mich der anderen Person gegenüber ganz zu öffnen und ihr zu vertrauen.« *Daniel*

»Liebe bedeutet ganz viele Dinge, aber an erster Stelle steht das starke Gefühl, sich zu jemand anderem hingezogen zu fühlen und jede Sekunde mit ihm zusammen sein zu wollen.« *Max*

»Liebe ist ein Gefühl, nach dem ich mein ganzes Leben ständig auf der Suche war. Ich wollte von meinen Eltern geliebt werden und musste immer wieder feststellen, dass das nicht die Liebe war, die ich gesucht hatte. Da fehlte etwas, es war nichts Bedingungsloses. Die Liebe meiner Eltern war immer an etwas geknüpft. Schnell konnte ich das Gefühl verlieren, geliebt zu werden. Ein Wort, eine Tat ließen es sich auflösen. Das Gleiche in Partnerschaften: Zuerst große Gefühle, großes Kino, und irgendwann hatte sich dieses Gefühl wieder verflüchtigt. Also was ist dieses Gefühl eigentlich, das wir Liebe nennen? Ich merke es, wenn ich intensiver hineinspüre, und die Erfahrungen der letzten Jahre zeigen es mir auch immer klarer: Es hat in erster Linie mit mir zu tun. Es ist Liebe für mich ganz persönlich. Liebe für mein wildes Wesen, das sich immer mehr angepasst hat an die Spielregeln der Gesellschaft. Irgendwie ist es immer noch das gleiche Spiel wie damals, als ich Kind war. Es gibt viele tiefe Begegnungen wie die mit meinem über alles geliebten Mann Tino. Wir sind nun 22 Jahre zusammen, und wir sind so oft an den Punkt gekommen, an dem wir das Gefühl hatten, jetzt reicht es, nun ist es aber genug. Aber da war immer wieder dieses Gefühl der Liebe. Selbst im größten Sturm war es immer da, dieses Bewusstsein der ewigen Verbundenheit mit ihm. Denn wir lieben uns genau so, wie wir sind. Geben einander Raum. Beflügeln den anderen in seinem Schaffen, und ich denke, wir sind uns in einem Alter begegnet, in dem wir bereits erkannt hatten, dass in erster Linie die Liebe zu einem selbst das Wichtigste in der Beziehung ist. Liebe ist etwas, woran wir wohl so lange arbeiten, bis uns bewusst wird, dass wir weit mehr sind, als wir mit dem bloßen Auge erkennen können. Es gibt Erinnerungen, die über dieses Leben hinausgehen. Dieses Erkennen hat bei uns von Anfang an den gemeinsamen Weg geprägt. Liebe ist alles, es ist die höchste Essenz in unserem ewigen Sein. Sie ist immer da, und wir dürfen uns jeden Tag neu für sie entscheiden.« *Bettina*

»**In** unserer Gesellschaft ist Liebe immer noch an viele Bewertungen und Verbote geknüpft. Dabei ist Liebe mehr als ein Gefühl. Sie ist unser Urzustand. Wir werden mit Liebe geboren. Sie ist immer da. Nur manchmal ist sie verdeckt von Situationen, Gefühlen, Konditionierungen oder Prägungen aus der Kindheit.« *Daniela*

»**Liebe** ist unendlich vielfältig: Es gibt Liebe zu Menschen, Liebe zu Tieren, Liebe zu Handlungen, Liebe zu Objekten. So, wie wir nicht *nicht* kommunizieren können, wenn wir in Interaktion mit anderen Menschen sind, können wir auch nicht *nicht* lieben, solange wir leben.« *Lara*

SELBSTREFLEXION

Beantworte die folgenden grundlegenden Fragen bezüglich deiner Erwartungen an und Sichtweisen auf die Liebe schriftlich. In einer Partnerschaft solltest du dir dessen bewusst sein. Du benötigst die Antworten auch für die nächste Übung »Eine neue Perspektive einnehmen« (S. 28).

› Was denkst du über Liebe und Partnerschaft? Welches Bild hat dich hier besonders geprägt?
› Was erwartest du von deinem Partner? Warum? Welche Bedürfnisse sollen dadurch erfüllt werden? Können die Bedürfnisse auch auf andere Weise erfüllt werden, oder gibst du alle Verantwortung für diese Bedürfnisse an deinen Partner ab?
› Was denkst du über dich? Wie siehst du dich als Partner? Würdest du dich selbst heiraten? Warum? Warum nicht?
› Was möchtest du in einer Partnerschaft geben?
› Was möchtest du in einer Partnerschaft empfangen?
› Wie möchtest du leben?
› Auf welche Weise wurden dir Beziehungen vorgelebt? Wie haben zum Beispiel deine Eltern zusammengelebt? Und welche Vorstellungen hast du daraus entwickelt?

Was macht es uns so schwer, die Liebe zu finden?

Unsere Antwort auf diese Frage lautet: falsche Erwartungen und unser Ego. Das Ego ist der Teil in uns, der uns glauben lässt, wir wären unsere Gedanken, unser Körper oder unser Image. Und eben diese Identifikation kann in Beziehungen zu Missverständnissen führen. Ein Beispiel: Wenn wir uns über unser Image definieren, uns also wichtig ist, was andere über uns denken, brauchen wir die Anerkennung von anderen, um uns selbst wertvoll zu fühlen. Wir versuchen unbewusst, es anderen recht zu machen. Meist fällt es uns dann schwer, Nein zu sagen, Grenzen zu setzen und unsere Bedürfnisse zu kommunizieren. Wir wünschen uns vielleicht, unser Partner könne unsere Gedanken lesen. Er muss doch so einfühlsam sein, zu erkennen, was wir brauchen. Schließlich bemühen wir uns auch jeden Tag darum, ihn glücklich zu machen. Aber warum tun wir das eigentlich?

Im Grunde ist das, was unser Ego antreibt, eine Vermeidungsstrategie. Wir möchten das Gefühl der Wertlosigkeit vermeiden. Wir möchten uns wertvoll fühlen und tun daher Dinge, durch die wir Anerkennung von anderen erlangen. Alles, was wir tun, um unseren Partner glücklich zu machen, ist in diesem Fall unser unbewusster Wunsch und Versuch, uns wertvoll zu fühlen. Doch wir sind nicht unser Image und müssen auch nichts dafür tun, wertvoll zu sein. Weil wir es schon sind. Jeder von uns.

Erst wenn wir dies erkennen und wirklich in uns spüren, merken wir, dass der andere nicht dafür verantwortlich ist, unsere Bedürfnisse zu erfüllen. Vielmehr dürfen wir selbst ergründen, was wir brauchen, und es in uns finden.

*Es gibt niemanden,
der uns vervollständigen muss.
Wir sind schon vollständig.
Du bist schon vollständig.*

»Lange Zeit dachte ich, Liebe sei etwas, wofür ich immer wieder kämpfen müsse. Ich dachte, Dramen, Eifersucht und Konflikte seien in einer Beziehung ganz normal. Liebe hat sich damals nicht leicht angefühlt, sondern war anstrengend. Heute weiß ich, dass diese Einstellung daher rührte, dass ich als Kind um die Liebe meiner Eltern kämpfen musste.« *Bea*

»Ich wollte nie so eine Beziehung führen wie meine Eltern. In ihrer Generation blieb man ein Leben lang zusammen – obwohl sie jeden Tag stritten. Ich hatte mir schon als Kind gewünscht, dass sie sich doch scheiden lassen sollten. Meine Mutter war nachtragend, und mein Vater ließ sie immer spüren, dass sie keine hohe Bildung hatte. Auf diese Weise quälten sich die beiden ein Leben lang. So etwas wollte ich auf keinen Fall. Deshalb ist heute mein Motto: Lieber ein Ende mit Schrecken als ein Schrecken ohne Ende.« *Bettina*

»Ich dachte immer, ich müsse die große Liebe finden. Unbewusst dachte ich sogar, ich müsse mich anpassen und es anderen recht machen, um geliebt zu werden. Erst mit Joaquin habe ich erkannt, dass wir diese Liebe schon in uns haben.« *Alexandra*

»Von meinen Eltern habe ich gelernt, dass Liebe bedeutet, dass man sich in guten und in schlechten Zeiten aufeinander verlassen kann. Im Laufe der Zeit lernte ich dann, dass jeder seine eigene Definition von einer glücklichen Partnerschaft hat und dass das Paar den Rahmen, in dem es sich bewegt, für sich selbst definieren kann.« *Simon*

»Früher habe ich dafür gekämpft, an die große Liebe zu glauben. Habe zwischendurch daran gezweifelt, dass es sie gibt. Aber ich hatte diesen Traum von der großen Liebe und konnte nichts dagegen tun.« *Inga*

»Ich hatte schon einmal gedacht, ich hätte die große Liebe gefunden. Aber erst, als ich meinen jetzigen Mann kennenlernte, habe ich verstanden, was Liebe wirklich sein kann.« *Stefanie*

Zwei große Missverständnisse über die Liebe

Zusammengefasst bedeutet das also, dass wir die Liebe aufgrund unserer Erfahrungen und Erwartungen an sie oftmals missverstehen.

1. Missverständnis: Liebe bleibt gleich

Liebe ist immer im Wandel, so wie alles in unserem Leben. Sie bleibt nicht gleich, sondern verändert sich mit uns. Wir dürfen erkennen, dass das okay ist und es die ewig währende, immer gleiche Liebe nur in Erzählungen, Märchen oder Filmen gibt. Liebe darf in Bewegung sein. Nur dann ist sie lebendig. Auch die Wissenschaft bestätigt das. Rein physiologisch betrachtet, ist die Liebe eine Sache des Gehirns und nicht des Herzens: Verschiedene Botenstoffe wechseln sich in den unterschiedlichen Phasen der Beziehung ab. Liebe darf sich also verändern, so wie auch du und dein Partner euch verändert.

2. Missverständnis: Liebe vervollständigt uns

Liebe kann sich als ein großes Gefühl der Sehnsucht zeigen. Der Sehnsucht nach Einheit und Verbundenheit. Diese ist manchmal so stark, dass es schmerzt. Sie treibt uns auch in der Partnersuche an. Doch sie kann nie langfristig erfüllt werden und wird daher zwangsläufig immer wieder enttäuscht. Erst, wenn wir erkennen, dass wir so, wie wir sind, schon vollständig sind und keine zweite oder »bessere« Hälfte brauchen, um uns zu komplettieren, kann diese Sehnsucht sich auflösen.

Zuletzt haben wir dieses Gefühl der vollkommenen Einheit vielleicht im Bauch unserer Mutter gespürt. Dort fühlten wir uns verbunden, geborgen und sicher. Als wir dann geboren wurden, spürten wir das erste Mal Trennung. Viele Menschen sind unbewusst auf der Suche nach der bedingungslosen Liebe, die sie damals im Mutterleib gespürt haben, und glauben, dass ihnen dieses Gefühl von dem richtigen Partner gegeben werden kann. Doch diese hohen Erwartungen an die Liebe können schnell enttäuscht werden. Das ist auch der Grund, warum viele Beziehungen scheitern. Denn eine solche Einheit spüren wir erst wieder, wenn wir mit der Liebe in uns selbst in Berührung kommen. Wenn wir uns erinnern, dass wir das, was wir suchen, schon sind. Wir finden das Gefühl, nach dem wir uns sehnen, nicht in einem anderen Menschen, nicht außerhalb von uns. Wir finden es in uns. Wir sind Liebe. Deine Essenz ist bedingungslose Liebe. Diese Selbstliebe zu erkennen und zu fühlen, ist das Fundament einer glücklichen Beziehung. Wir gehen in Abschnitt »Wo ist die Liebe?« (S. 83) noch näher darauf ein.

»Ich glaube, für viele Menschen ist es schwer, den oder die Richtige zu finden, weil die Optionen heutzutage so vielfältig sind. Alles ist erlaubt, und alles darf und kann sein. Das ist erst einmal gut so, aber es macht das Suchen und Finden schwieriger, weil es komplexer geworden ist. Außerdem bekommen wir von den Medien eine Scheinwelt vorgeführt, wie Liebe und Beziehung zu sein haben, und unser Geist unterscheidet nicht zwischen Realität und ›Hollywood‹. Dies alles in einem Partner zu finden, erscheint mir schwierig.« *Max*

»Mein Eindruck ist, dass Menschen heutzutage ständig auf der Suche nach ›etwas Besserem‹ sind. Und vielleicht auch nicht bereit sind, sich auf jemand anderen wirklich einzulassen, weil sie nicht gewillt sind, Kompromisse einzugehen oder gar Abstriche zu machen (zum Beispiel räumliche).« *Darija*

»Vor allem, wenn ein starker Wunsch oder eine Sehnsucht besteht, zum Beispiel, weil man sich schon länger eine Beziehung wünscht oder vielleicht ein Kinderwunsch im Raum steht, gerät der Fokus zu sehr auf die Partnersuche, und man verkrampft. Das macht das Finden der wahren Liebe schwierig.« *Deborah*

»Ich glaube, dass wir, wenn wir zu klare Vorstellungen von der großen Liebe haben und nicht kompromissbereit sind, das Glück nur schwer finden. Die große Liebe ist oft anders, als wir denken. Aber meistens ist sie sogar besser.« *Stefanie*

»Viele Leute drehen sich zu stark um sich selbst. Sie haben das Gefühl, etwas zu verpassen, sie möchten sich nicht festlegen und keine Kompromisse eingehen, was in einer Partnerschaft jedoch essenziell ist.« *Simon*

Praxisbeispiel: Ungesunde Überzeugungen

Emma war eine junge, attraktive Frau, die jedoch, so sagte sie selbst, immer die falschen Männer anzog. In ihren Beziehungen fühlte sie sich meist unterlegen, war sehr eifersüchtig und hatte auch schon öfter die Erfahrung gemacht, betrogen zu werden. Dies schürte ihr Misstrauen gegenüber Männern und beeinflusste auch ihre Fähigkeit, sich ganz für einen Partner zu öffnen. Sie sagte, sie habe Angst, sich ganz zu zeigen, weil sie befürchtete, nicht gut genug und zu langweilig für den Partner zu sein, wenn sie sich so zeigte, wie sie wirklich war.
Diese Selbsteinschätzung führte unter anderem dazu, dass Emma genau die Männer anzog, die diese Annahme bestätigten: Männer, die sich in einer Beziehung gern überlegen fühlen wollten und sich unbewusst eine unsichere Partnerin suchten.
Um einen Ausweg aus diesem Muster zu finden, sollte Emma an ihren Überzeugungen arbeiten, die sie über sich selbst und eine Partnerschaft hatte. Im ersten Schritt deckte sie all die negativen Glaubenssätze auf wie: »Ich bin nicht gut genug«, »Ich finde nie den Richtigen«, »Ich habe es nicht verdient, glücklich zu sein.« Diese Glaubenssätze saßen tief in Emma, und auch wenn sie ihr im Alltag nicht bewusst waren, beeinflussen sie ihr gesamtes Denken, Fühlen und Handeln. Um also den »richtigen« Partner zu finden und eine glückliche Partnerschaft zu leben, musste Emma zuerst an sich und ihren inneren Überzeugungen arbeiten.
Im Coaching veränderten wir die ungesunden Überzeugungen und lösten die dadurch blockierten Gefühle. Emma kam sich selbst wieder näher. Und vor allem wuchs in ihr das Gefühl, dass sie auch ohne einen Partner wirklich glücklich sein konnte. Dass sie niemanden brauchte, um »gut genug« zu sein, sondern dass sie genau das schon war. Emma arbeitete viel an sich und lernte schließlich bei einem Seminar Thomas kennen. Die beiden verstanden sich auf einer tiefen Ebene, und Emma schaffte es diesmal, sich wirklich zu öffnen. Dies war der Anfang einer wundervollen Beziehung auf Augenhöhe mit viel Wertschätzung füreinander und gegenseitigem Respekt.

ÜBUNG: Eine neue Perspektive einnehmen

Wenn du deine Erwartungen, Sichtweisen und Überzeugungen über dich, Partnerschaft und Liebe (siehe S. 22) reflektiert hast, frage dich:

› Seit wann hast du diese Überzeugungen?
› Woher kommt die jeweilige Überzeugung bzw. von wem hast du sie eventuell übernommen?
› Ist die jeweilige Überzeugung wirklich wahr?
› Möchtest du das weiterhin glauben?
› Hilft es dir? Oder beeinflusst dich diese Denkweise negativ?
› Was möchtest du glauben? Welche neuen Denkweisen beeinflussen dich positiv?
› Welche Beispiele gibt es dafür, dass auch andere Denkweisen »wahr« sind?
› Wie geht es Personen, die du kennst, die diese Denkweisen verinnerlicht haben? Welche Art von Beziehung führen sie?

Beantworte die Fragen schriftlich, so können deine Antworten in dir nachwirken. Erinnere dich selbst immer wieder daran, regelmäßig neue Perspektiven einzunehmen. Das braucht manchmal etwas Übung, aber es lohnt sich sehr.

»Meine Eltern waren nach außen nicht überschwänglich verliebt, sind jedoch bis heute ein perfektes Team, das sich unausgesprochen liebt. Mein eigenes Verständnis von Liebe und Partnerschaft ist demnach eher gesellschaftlich und konservativ geprägt. In meiner ›alten‹ Welt hieß das: Wenn man eine gewisse Zeit zusammenlebte und sich liebte, dann heiratete man. So geschehen.
Viele Jahre später, als ich Alexandra kennenlernte, musste ich mich aus diesem Korsett aus Überzeugungen und gesellschaftlichem Druck befreien. Das war schwer, aber ich tat es, indem ich auf meine Intuition und meine Gefühle hörte und mein Herz öffnete. Nur so gelang es mir, meine Seelenpartnerin zu finden. Ich bin der festen Überzeugung, dass es durchaus auch meine Aufgabe ist, meine Partnerin glücklich zu machen. Dabei geht es aus meiner Sicht unter anderem darum, ihr Respekt und Wertschätzung sowie bedingungslose Liebe entgegenzubringen.« *Joaquin*

»Als Kind habe ich keine positiven Vorstellungen von Liebe und Beziehung vorgelebt bekommen. Ich musste daher erst lernen, was eine stabile Partnerschaft ist.« *Stefanie*

»Ich habe immer von der großen Liebe geträumt, weil sie mir meine Eltern und Großeltern vorgelebt haben und es noch tun. Ich wusste immer, das ist es.« *Kai*

»Ich hatte immer den Traum, mich zu verlieben. Ich wollte eine Liebe erleben, wie ich sie aus Büchern und Filmen kannte. Meine Freunde wollten vor allem Karriere machen oder um die Welt reisen. Ihr Tenor war: ›Such dir mal einen realistischeren Traum. Einen, den du dir auch selbst erfüllen kannst. Liebe ist doch Zufall oder Schicksal, nichts, was du beeinflussen kannst!‹ Aber ich habe gemerkt, dass ich durchaus selbst etwas dafür tun konnte, indem ich begann, mich mit mir selbst zu beschäftigen. Indem ich mir Fragen stellte wie: Was waren die Gemeinsamkeiten in all meinen Beziehungen? Wie fühlte ich mich die meiste Zeit, woher kamen diese Gefühle, woher kannte ich sie? Ich habe einen radikalen Schnitt gemacht und mir gesagt: ›Ich lasse mich auf keinen Mann mehr ein, bis ich sicher bin, dass es die große Liebe ist.‹ Dann habe ich mein Studium geschmissen, meinen Job gekündigt und bin aus der Großstadt zurück zu meinen Eltern in mein altes Kinderzimmer gezogen. Dort habe ich mich mit Themen wie dem Inneren Kind beschäftigt und in mir total aufgeräumt. Und zwei Jahre später lernte ich meinen Mann kennen.« *Inga*

»Wahrscheinlich hoffen wir alle insgeheim auf die große Liebe. Mir war aber schon früh klar, dass ich eine Partnerschaft nicht um jeden Preis eingehen und aufrechterhalten würde.« *Deborah*

»Erst in der Beziehung mit Louisa habe ich gemerkt, wie viele Verhaltensweisen und Überzeugungen ich von meinen Eltern übernommen habe, was Liebe und Partnerschaft betrifft. Meine Eltern haben viel gestritten und diskutiert. Ich dachte lange Zeit, das wäre normal und müsste eben in Beziehungen so sein. So habe ich (wahrscheinlich unbewusst) in meinen früheren Beziehungen oftmals Streit provoziert und unnötige Diskussionen begonnen. Ich hatte mir aber auch immer Partnerinnen ausgesucht, die dasselbe Bild von einer Partnerschaft hatten wie ich: Beziehung als Kampf um Unabhängigkeit und die Erfüllung von Bedürfnissen. Erst mit Louisa habe ich erlebt, wie schön eine harmonische Partnerschaft sein kann und dass es nicht um Kampf, sondern um Kooperation geht. Und das gilt im Grunde für alle Beziehungen.« *Daniel*

»Ich habe von meinen Eltern gelernt, dass eine Ehe für immer ist und man zusammen alles schaffen kann. Das gibt mir wahnsinnig viel Sicherheit.« *Eva*

»Als Kinder speichern wir die Bilder von Beziehungen, Familie und Ehe, die wir in der Welt wahrnehmen, in unserem Unterbewusstsein. Wir sehen und erleben, wie unsere Eltern miteinander und mit uns umgehen, und genau das wird zu unserer Wahrheit über Partnerschaft. Es prägt unsere eigenen Wünsche, Träume und Ängste bezüglich Liebe und Beziehung. Daher ist es wichtig, zu hinterfragen, ob wir diese Glaubenssätze so wirklich weiter glauben und sie an unsere Kinder weitergeben möchten.« *Alexandra*

Wie wir Liebe begrenzen

»Wir begrenzen Liebe sehr oft durch Vorstellungen, Erwartungen und Regeln. Dabei möchte Liebe sich doch ganz frei entfalten und einfach gelebt werden.« *Simon*

Darauf, wie sehr die Kindheit, unsere Eltern und frühen Vorbilder unsere Vorstellungen von Liebe und Partnerschaft beeinflussen, sind wir bereits zu sprechen gekommen. Doch auch die Gesellschaft, in der wir leben, hat klare Überzeugungen, Wertvorstellungen und Erwartungen bezüglich Liebe und Partnerschaft und prägt entsprechend unser Bild davon. All das ist in unserem Unterbewusstsein gespeichert und beeinflusst tagtäglich unser Denken, Fühlen und Handeln. Daher ist es so wichtig, sich darüber bewusst zu werden, welche gesellschaftlichen Überzeugungen wir übernommen haben und welche Auswirkungen dies auf uns, unser Leben, unsere Beziehungen hat. Zu den sozialen Normen kommen unsere individuellen Erfahrungen und die Perspektiven der Menschen in unserem Umfeld hinzu, die uns ebenfalls beeinflussen.

Wir (Joaquin und Alexandra) haben dies sehr stark gespürt, als wir durch die Trennung von unseren Ex-Partnern gegangen sind. So viele Meinungen, so viele Ratschläge, so viele Themen von anderen vermischten sich mit unseren, obwohl sie häufig gar nichts mit unserer Situation zu tun hatten. In solchen Momenten bei sich zu bleiben, die eigene innere Stimme zu hören und ihr zu vertrauen, ist gar nicht so leicht.

Wir alle tragen in uns den Wunsch, einer Gemeinschaft anzugehören. Laufen wir Gefahr, aufgrund unserer Überzeugungen von anderen abgewertet oder ausgegrenzt zu werden, macht uns das Angst. In solchen Situationen ist es wichtig, sich daran zu erinnern, dass, wie andere Leute über die Situation denken und was sie fühlen, häufig nichts mit einem selbst zu tun hat. Es sind vielmehr die inneren Überzeugungen, überlieferten Werte und Erfahrungen des anderen, die hier zum Tragen kommen.

Vielleicht kennst du das auch: Eine Situation in deinem Umfeld triggert dich besonders, das heißt, sie ruft eine besonders starke und mitunter emotionale Reaktion in dir hervor. Vielleicht, weil jemand untreu ist. Auch wenn du den Hintergrund nicht genau kennst, brodelt es in dir, und du neigst dazu, die Situation direkt zu beurteilen. Doch woran liegt es, dass diese dich emotional so sehr aufwühlt? Unter Umständen erinnert sie dich an eine eigene schlechte Erfahrung. Vielleicht wurdest du schon einmal betrogen. Oder einer deiner Elternteile hat den anderen betrogen.

Oder womöglich hörst du immer wieder, dass eine Familie erst mit Kindern vollständig oder eine Frau erst als Mutter wertvoll ist. Auch hier darfst du dich fragen: Warum stören dich solche Kommentare wirklich? Was ist deine Wahrheit? Was bedeuten Frausein und Familie für dich ganz individuell?

Auch Meinungen wie »Man darf seine Homosexualität nicht offen zeigen« oder »Man darf nur *einen* Menschen lieben« herrschen in unserer Gesellschaft teilweise noch immer vor und spiegeln traditionelle Sichtweisen auf die Liebe. Sie sind jedoch nicht *die* allgemeingültige Wahrheit. Und trotzdem kann es schwerfallen, sich dem gesellschaftlichen Druck zu stellen und bei sich zu bleiben.

Beginne bei dir, indem du dich immer wieder daran erinnerst:

*Was auch immer ich erlebt habe,
es gibt mir nicht das Recht, andere zu beurteilen oder zu verurteilen.
Denn jede Situation ist individuell. Es gibt nicht die eine Wahrheit,
kein Richtig oder Falsch. Vielmehr müssen verschiedene Aspekte
betrachtet werden. Liebe ist bunt, facettenreich und nicht
einzugrenzen. Liebe ist frei und möchte gelebt werden.
So, wie sie ist.*

Je bewusster wir uns dessen sind, desto besser können wir mit der Beurteilung durch andere umgehen. Weil wir uns darüber bewusst sind, dass die Reaktion des anderen ursächlich nichts mit uns zu tun hat.

»**Ich** habe mich lange nicht von meinem Ex-Mann getrennt, weil ich den Glaubenssatz in mir trug ›Du darfst deine Familie nicht zerstören‹. Ich liebte mich damals selbst nicht genug, um eine Entscheidung zu treffen, die mich langfristig glücklich gemacht hätte. Ich habe auch lange gedacht, dass ich viel geben muss, um viel zurückzubekommen. Dass ich durch das Geben von Liebe erst meinen Wert erhalte. So habe ich mich über alle Maßen um andere gekümmert und meinem Partner viel Bestätigung gegeben. Und auch wenn mein Partner mir das Gefühl gab, ›dumm‹ zu sein, dachte ich: Wenn ich ihn nur noch mehr liebte, würde er meine Liebe irgendwann erwidern.« *Bea*

»**Da** herrscht eine Vorstellung in der Gesellschaft, wie Liebe und Partnerschaft sein sollten. Ein Bild. Und einem Bild gerecht zu werden, ist verdammt schwierig. Wenn du einem Menschen begegnest und merkst, da ist etwas, und du merkst es im Fühlen, nicht im Denken, dann hast du eine große Chance, und die solltest du nutzen. Bleibe mit diesem Menschen im Hier und Jetzt, und lasst es geschehen.« *Bettina*

»**Anfangs** hatten wir viele Herausforderungen zu meistern. Vor allem der Altersunterschied war für viele ein Problem. Doch uns haben diese Herausforderungen noch mehr in unserer Liebe bestärkt.« *Annika*

»**Früher** hatte ich ein ganz klares Bild davon, wie Liebe auszusehen hat, und habe andere sehr schnell verurteilt. Untreue war für mich das Schlimmste, weil ich in meiner Kindheit selbst erlebt hatte, wie sehr der ›Betrogene‹ leidet. Und doch – oder gerade deswegen – kam ich irgendwann im Laufe meines Lebens in eine ähnliche Situation. Dadurch durfte ich erkennen, dass es immer zwei Seiten sowie einen tieferen Grund hinter Handlungen gibt und ich aus meinen eigenen Erfahrungen lernen sollte. Darum geht es doch im Leben: lernen und wachsen. Sich entwickeln. Sich immer mehr befreien von dem, wie wir vermeintlich sein sollen. Und immer mehr ankommen in dem, wie wir wirklich sind. Unsere Bedürfnisse erkennen. Ehrlich mit uns selbst und anderen sein. Positiv mit all unseren Emotionen umgehen, unsere tiefer liegenden Ängste betrachten und sie annehmen. Nicht mehr weglaufen vor uns selbst.« *Alexandra*

»Als Daniel und ich zusammenkamen, habe ich viel Ablehnung in unserem Umfeld gespürt. Wir wurden nicht als zwei Menschen wahrgenommen, die sich lieben und gefunden haben, sondern als zwei Menschen, die ›ihre Familien verlassen‹. Es ist sehr schade, wie viele Menschen über Situationen urteilen, die sie selbst so nie erlebt haben. Denn gegen diese tiefe Liebe zum Seelenpartner kann man nichts machen. Sie ist nicht rational zu erklären. Man kann sie nur fühlen. Und dieses unsichtbare Band ist so stark, dass man alles in Kauf nimmt. Auch die Verachtung und Missbilligung anderer. Auch die eigenen Schuldgefühle, die die Reaktion anderer auslöst. Obgleich mir innerlich immer bewusst war, dass diese Entscheidung für alle Beteiligten das Beste war. Denn nichts ist schlimmer, als eine Lüge zu leben. Wir haben zu vielen Menschen aus unserem ›früheren Leben‹ den Kontakt abgebrochen, denn wahre Freundinnen und Freunde würden nie so über jemanden urteilen, wie sie es taten.« *Louisa*

»In der Zeit der Trennung von meiner Ex-Partnerin habe ich gespürt, wie viele Menschen ein Thema mit Trennung und Scheidung haben. Es ist, als hätte meine Trennung alle Alarmsignale in den anderen ausgelöst. Ich bin der festen Überzeugung, dass die eigene Angst und Unsicherheit Menschen dazu bringt, andere zu verurteilen.« *Daniel*

»Ich konnte früher nicht ich selbst sein. Ich habe sehr oft das Gefühl gehabt, an meine Grenzen zu kommen. Ich dachte, ich wäre falsch, das, was ich wollte, sei falsch. Ich habe diese Gefühle kompensiert, indem ich alles kontrollieren wollte. Ich wollte besser in allem sein. Und diese ungesunden Muster aufzulösen, ging mit viel Angst einher. Aber so konnte ich wieder lernen, zu lieben.« *Inga*

SELBSTREFLEXION

Welche gesellschaftlichen Normen und Werte hast du übernommen in Bezug auf:
› Liebe?
› Beziehung, Partnerschaft?
› männliches und weibliches Rollenbild?
› Ehe und Familie?

Welche davon bereichern dich?
Welche davon schränken oder engen dich ein?
Welche Werte und Normen möchtest du auf den Prüfstand stellen?
Ist das noch deine Wahrheit?
Welche Werte und Normen hinsichtlich Beziehung und Liebe möchtest du leben?

Was du gelernt und von anderen übernommen hast, muss nicht deine Wahrheit bleiben. Wenn du tief in dich hineinspürst, fühlst du, ob sich etwas für dich richtig oder falsch anfühlt. Spürst du einen Widerstand gegen eine bestimmte Denk- oder Verhaltensweise, ist es wichtig, diese zu hinterfragen und im Zweifel loszulassen. Du darfst alles hinterfragen und deine eigene Wahrheit finden. Eine Wahrheit, die sich für dich intuitiv gut und richtig anfühlt.

LOUISA UND DANIEL

Louisas und Daniels Liebesgeschichte begann mit einer Freundschaft. Aus nächtelangen Gesprächen wurde nach einiger Zeit eine innige Liebe. Auch wenn anfangs vom Kopf her einiges gegen ihre Liebe sprach, war da etwas Höheres, was sie verband. Und genau so ist es, wenn du deinen Seelenpartner findest: Es fühlt sich einfach richtig an, und du weißt tief in dir: Wir gehören zusammen, es soll so sein.

Als Louisa mir (Alexandra) im Interview von sich und Daniel erzählte, spürte ich, dass da ein starkes Band zwischen den beiden ist. Etwas, was rational nicht erklärbar ist, was nur intuitiv gespürt werden kann. Louisa sagte, es fühle sich an wie »ein Magnet«. Ein sehr schönes Bild, denn tatsächlich ist es so, dass sich Soulmates energetisch anziehen wie gegenpolige Magnete. Es fühlt sich dann so an, als müsse man beim anderen sein, empfände beinahe körperlichen Schmerz, wenn man nicht beieinander ist.

Zu Beginn ihrer Beziehung mussten auch Louisa und Daniel sich vielen Herausforderungen stellen. Denn beide hatten Kinder aus erster Ehe mit in die Partnerschaft gebracht, und alle mussten sich in dieser neuen Konstellation erst einmal kennenlernen und finden. Wichtig war dabei vor allem Kommunikation. Daniel sagte mir, dass ehrliche Gespräche, gemeinsame Interessen, Offenheit, viel Humor und Vertrauen die Basis für ihre Beziehung seien.

Louisa hatte zuvor lange an ihrer Ex-Beziehung festgehalten, weil sie dachte, es sei die große Liebe. Doch heute weiß sie, dass man für die wahre Liebe nicht kämpfen muss. Dass diese Liebe einen findet und dass sie bedingungslos ist. Sie sagt, sie habe in Daniel einen Partner gefunden, der sie so akzeptiert und liebt, wie sie ist. Aber es gibt auch Konflikte, in denen beide voneinander lernen und sich gegenseitig den Spiegel vorhalten.

Als ich Louisa fragte, wie sie mit den

Herausforderungen zu Beginn ihrer Beziehung mit Daniel umging, erzählte sie mir, dass sie anfangs häufig Tagebuch geschrieben hat. Dies hat ihr sehr geholfen, zu reflektieren, mit ihren Emotionen umzugehen und sich auf das Wichtige zu fokussieren: ihrem Herzen und nicht ihrem Verstand zu folgen. In ihren vorherigen Beziehungen tat Louisa sehr viel für den Partner, opferte sich regelrecht auf. Aber sie hat daran gearbeitet, hat Coachings und Aufstellungsarbeit gemacht. Heute ist sie viel selbstbewusster und auf Augenhöhe mit ihrem Partner. Und sie spürt, dass sie endlich so angenommen wird, wie sie ist.

Das Beispiel von Louisa und Daniel zeigt, dass die Liebe zum Seelenpartner Hindernisse überwinden kann und dass diese anfänglichen Hürden die Liebe nur stärken. Es zeigt, dass wir uns vom klassischen Rollen- und Familienbild verabschieden und unsere eigene Wahrheit über Liebe erfahren dürfen. Dass es wichtig ist, unseren eigenen Weg zu gehen und auf unsere Intuition zu hören. Denn dann befreien wir uns von ungesunden Mustern und können mit unserem Partner Liebe erleben, wie sie wirklich ist: bedingungslos.

Liebe kann uns herausfordern

Unsere Erfahrung und auch die Erlebnisse unserer Soulmates haben ganz klar gezeigt, dass es zu Beginn in allen Beziehungen Hürden zu überwinden galt. Wer seinen Soulmate trifft, sollte sich von Herausforderungen deshalb nicht abschrecken lassen. Es handelt sich dabei um eine gemeinsame Lernaufgabe, an der beide wachsen können. Häufig werden diese Hürden von außen an das Paar herangetragen, während es selbst das Wissen hat, dass alles gut ist. Es hat die Stärke, diese oftmals schwierige Anfangszeit zu überstehen, es verbindet die Partner sogar noch stärker miteinander.

»›**Herausforderungen**‹ ist ein zu schwaches Wort für das, was wir zu Beginn unserer Beziehung erlebt haben. Es lag ein Berg vor uns, den es zu beseitigen galt. Bei *ihm* war es vor allem die Angst vor einer echten Beziehung und vor einer eventuellen Enttäuschung – davor hatte auch ich Angst. Sowie davor, dass ich das Leben mit einem Popstar nicht handeln könne oder meine Eifersucht mich aufgrund der vielen weiblichen Fans lähmen werde. Ach, und zig andere bescheuerte Dinge. Zum Glück waren diese Ängste, sobald wir richtig Ja zueinander gesagt hatten, wie weggewischt, weil es sich einfach so richtig angefühlt hat und so gut.« *Julia*

»›**Wie** geht es dir?‹ Diese Frage hat jeder von uns schon Hunderte Male gestellt und gestellt bekommen. Meist erfolgt sie eher beiläufig, und entsprechend fällt zumeist auch die Antwort aus.
Als Alexandra mir diese Frage vor etwa zehn Jahren auf einer gemeinsamen Autofahrt stellte – zu diesem Zeitpunkt waren wir noch kein Paar –, lautete meine Antwort: ›Mir geht es gut.‹ Das wäre jedoch zu einfach gewesen, Alex bohrte nach und wollte wissen, wie es mir ›wirklich‹ ging. Dies war der Beginn eines langen und bis heute anhaltenden Dialogs.
Die Tatsache, dass Alex sich mit meiner lapidaren Antwort nicht zufriedengab, gab mir das Gefühl, dass sie wirkliches Interesse an mir als Person hatte - sowie das Gefühl, dass sie mich verstand.
Diese Autofahrt war der Beginn von unzähligen Gesprächen über das Leben, die Liebe, Gefühle, Ängste, Träume, Sehnsüchte. Das Interessante an diesen Gesprächen war, dass ich zum ersten Mal in meinem Leben intensiv und bewusst mein Innerstes nach außen kehrte und meiner Intuition ganz bewusst freien Lauf ließ. Ich sage deshalb ›interessant‹, weil ich mich in vielen Situationen in meinem Leben bis zu besagtem Tag sowohl privat als auch beruflich schon intuitiv hatte leiten lassen, dies aber niemals zugegeben hätte. Vielmehr hatte ich mir und meinem Umfeld vorgemacht, dass ich meine Entscheidungen rein rational und faktenbasiert traf. In diesem Augenblick auf der Autofahrt wurde mir klar, dass sich hier etwas Magisches abzeichnete, was ich nie zuvor erlebt hatte.
Im Laufe des Tages entwickelte ich das Bedürfnis, mehr solcher Gespräche zu führen, mehr über Alexandra und über mich selbst zu erfahren und zu spüren, wie es ist, sich einem nahezu unbekannten Menschen zu offenbaren, als sei es das Normalste der Welt, so, wie ich es noch nie zuvor getan hatte.
Unsere Gespräche waren geprägt von tiefem Vertrauen, gegenseitigem Respekt und Dankbarkeit dafür, sich selbst öffnen zu dürfen, gehört zu werden und gleichzeitig so viel über den anderen zu lernen. Mir wurde bewusst, dass ich meine Seelenpartnerin, den Menschen, mit dem ich den Rest meines Lebens verbringen wollte, gefunden hatte - doch ich war bereits verheiratet und hatte zwei Kinder. Ich führte damals ein gutes Leben, und um nichts auf der Welt hätte ich meine Kinder missen wollen, aber: Ich führte kein erfülltes Leben. Genau diese Erkenntnis ließ mich die bewusste – wenn auch für alle Seiten teilweise sehr schmerzvolle – Entscheidung *für* meine Seelenpartnerin und ein erfülltes Leben treffen.
Ich hatte trotz vieler Schuldgefühle nie das Gefühl, dass ich meine Entscheidung zurücknehmen wollte. Alexandra und ich kommunizierten so viel miteinander und spürten dabei Geborgenheit, Annahme und bedingungsloses Verständnis für den anderen. Wir sprachen offen über unsere Ängste und wie wir damit um-

gehen wollten. Natürlich hatten wir in der Zeit der Trennung beide jeweils gute und auch sehr schlechte Tage. Wir waren uns aber immer eine Stütze, tauschten uns auch in den schlechten Phasen über unsere Gefühle aus und bestärkten uns gegenseitig.

Nach über zehn Jahren kann ich nur immer wieder betonen, dass die Entscheidung für meine Seelenpartnerin und dafür, meiner Intuition zu folgen, für mich die absolut richtige war. Ich sehe mit Stolz auf Alex und mich und darauf, dass wir uns gegen alle äußeren und inneren Widerstände gestellt haben. Der Schlüssel war Kommunikation, die eigenen Gefühle offenzulegen (und damit einhergehend auch die eigene Verletzbarkeit) sowie diesen Gefühlen Raum zu geben und ihnen zu folgen. Die Herausforderungen zu Beginn unserer Beziehung haben mir gezeigt, dass Liebe und der Glaube an sich und die Partnerschaft einem unglaublich viel Kraft verleihen. Sie helfen, nicht in allen Schwierigkeiten eine Katastrophe zu sehen oder sich hilflos zu fühlen. Alles hat einen Grund – das, was passiert, wie es passiert und wann es passiert. Ich kann nicht alles voraussehen und kontrollieren, das habe ich gelernt.« *Joaquin*

»**Anfangs** gab es viele Stimmen gegen unsere Beziehung, auch in der Familie: ›Der ist so jung, bist du nicht zu alt?‹, ›Das hat keine Zukunft.‹ Aber inzwischen haben wir allen bewiesen, dass wir glücklich sind und es keinen Sinn ergibt, dagegen anzureden.

Auch meine innere kritische Stimme war am Anfang sehr stark, weil ich ja so gern Kinder wollte, aber in einen jüngeren Mann verliebt war. Aber es kam, wie es sollte, und es hat gepasst. Gott sei Dank sind wir beide unserem Herzen gefolgt. Die Liebe trägt uns.

Die Herausforderungen haben uns stark gemacht. Immer wenn wir auf dem roten Teppich sind und unsere Liebe zeigen, sind wir sehr stolz auf uns und darauf, was wir alles gemeinsam geschafft haben.« *Annika*

»**Ja,** es gab Herausforderungen. Wir starteten nach zehn Monaten direkt in eine Fernbeziehung, die fast vier Jahre andauern sollte. Wir haben uns jeden Tag vermisst. Doch ich habe das Gefühl, das hat unser Band noch viel stärker gemacht, weil jedes gemeinsame Wochenende, jeder Urlaub immer etwas Besonderes war. Es war so lange Zeit nicht selbstverständlich, miteinander aufzuwachen. Heute kann ich mich umso mehr darüber freuen, jeden Tag mit meinem Seelenpartner zusammen zu erleben.« *Stefanie*

»**Zu** Beginn unserer Beziehung gab es Stürme, die uns entgegenpeitschten. Tino war damals verheiratet und Vater von zwei Kindern im Alter von 15 und 13. Er lebte in einer Beziehung, mit der er für sich schon längst abgeschlossen hatte. Er hatte schon öfter den Ausstieg gesucht, aber er gelang ihm nicht. Wie auch, der Moment war einfach noch nicht gekommen gewesen. Als wir zusammenkamen, versuchte ›seine Seite‹ mit allen Mitteln, uns auseinanderzubringen. Zum Glück betraf das nur sein Umfeld, das war schon mehr als genug. Uns war von Anfang an bewusst, dass uns von seiner Seite her Krieg angedroht werden würde. Doch auch auf meiner Seite gab es traurige Begebenheiten: Meine beiden Töchter wollten meinen neuen Weg nicht mit mir gehen. Für meine Kinder war es die dritte Partnerschaft, die ich einging. Ich habe zwei Kinder von zwei Männern. Die Älteste hatte sich mit ihren damals 21 Jahren schon klar abgenabelt. Die Jüngere mit ihren zehn Jahren wollte fortan bei ihrem Vater leben. Es dauerte ein paar Jahre, bis wir wieder zusammenfanden. Die Zauberformel, die uns durch diese unglaublich schwierige Zeit führte, war: ›geschehen lassen‹. Der Weg lag ganz klar vor uns. Mit meiner Großen haben wir seit der Geburt ihres ersten Kindes vor acht Jahren wieder eine wunderschöne Beziehung aufgebaut, langsam und Schritt für Schritt. Ich hatte den Glauben daran, dass wir wieder zusammenfinden würden, nie verloren, aber erst meine Enkeltochter hat die Brücke dazu geschlagen.« *Bettina*

»**Für** uns war sehr schnell klar, dass wir uns der Herausforderung einer Fernbeziehung stellen würden. Es lohnte sich, diese anzunehmen, denn die gemeinsame limitierte Zeit genossen wir umso mehr. Da wir kein richtiges gemeinsames Zuhause hatten, ist im Nachhinein schön zu sehen, dass zu Hause immer da war, wo Marc und ich zusammen waren.« *Simon*

»**Es** gab zu Beginn unserer Beziehung nur Herausforderungen. Frank war 15 Jahre lang verheiratet und hatte einen jugendlichen Sohn. Ich war zu der Zeit in einer zehnjährigen Beziehung. Dazu kam der Altersunterschied von 16 Jahren. Wir haben unsere Beziehung ca. zwei Monate geheim halten müssen, obwohl wir sie am liebsten mit der ganzen Welt geteilt hätten. Doch das hat uns sehr zusammengeschweißt und die Basis bereitet für die Zukunft – denn es hat uns gezeigt, dass wir gemeinsam jede schwierige Situation bestehen werden.« *Darija*

»**Zu** Beginn gab es einige Herausforderungen in unserer Beziehung. Wir führten eine Fernbeziehung. Eva hatte gerade erst mit dem Studium begonnen, und ich war im Job und habe an sechs Tagen in der Woche bis zu zwölf Stunden gearbeitet. Da sind zwei Welten aufeinandergeprallt. Aber das hat mir von Beginn an gezeigt, dass wir zwei eigenständige Menschen sind, die dem jeweils anderen seinen Freiraum lassen müssen. Nicht ohne Grund wählten wir als unseren Trauspruch: ›Du stellst meine Füße auf weiten Raum.‹« *Max*

»**Mit** deinem Soulmate ist keine oberflächliche Beziehung möglich. Die Partnerschaft ist geprägt von Tiefe und persönlichem Wachstum. Denn eure Seelen haben sich verabredet, um bestimmte Themen gemeinsam zu bearbeiten.« *Alexandra*

Manchmal müssen wir erst selbst heilen, um eine »heile« Beziehung leben zu können. Manchmal aber hilft uns auch unser Partner dabei, zu heilen. Dein Seelenpartner ist in jedem Fall derjenige, der dir das Gefühl gibt, angekommen zu sein, vollständig angenommen und unterstützt zu werden. Er ist derjenige, der dich vervollständigt, dir neue Seiten deiner selbst aufzeigt, dich bedingungslos liebt. Wenn du ihn triffst, fragst du dich nicht, ob er der die Richtige ist. Du fühlst es einfach ganz tief in dir.

»Es gab gefühlt tausend Herausforderungen zu Beginn. Das liegt in der Natur der Sache, wenn zwei so unterschiedliche Menschen ihr Leben verzahnen. Meine schlimmste Angst war bis dahin, allein und nicht liebenswert zu sein. Seine schlimmste Angst war, kontrolliert zu werden. In diesen Ängsten haben wir uns anfangs sehr befeuert. Es war nicht leicht für mich, ihn so sein zu lassen, wie er ist. Auch musste ich erst lernen, ihm nicht die Verantwortung für meine Emotionen zu geben, sondern zu erkennen, dass sein Handeln im Grunde nur ein Auslöser für negative Gefühle aus der Vergangenheit war, die aber schon lange nicht mehr in meine Lebenswirklichkeit gehörten.« *Inga*

»Die Herausforderungen, denen wir uns stellen mussten, hatten Konsequenzen, die bis heute nachwirken. Tino hat mit seiner Tochter, seitdem wir zusammen sind, keinen Kontakt. Es gab so viele unschöne Momente. Er hat seine drei Enkelkinder noch nie gesehen, und der Kontakt mit seinem Sohn findet auch nur sporadisch statt. Wir mussten lernen, bei uns zu bleiben. Vor allem Tino ging durch einen tiefen Prozess wegen seiner Kinder, an dem er fast zerbrach. Wir verzogen uns irgendwann für eine Woche in eine kleine Hütte in den Bergen, und dort sollte der Wendepunkt eintreten. Tino ging ganz in sich und erlaubte sich, von da an ein glückliches Leben zu führen. Er sagte damals zu mir, dass wir für alle da sein würden, alle dürften kommen, doch wenn sie es ablehnten, so sei es ihre Entscheidung. Er respektiere diese dann und ließe in Liebe los. Von da an heilte er. Loslassen, was nicht glücklich macht, ist ein Prozess, vor allem wenn es um die eigenen Kinder geht. Es war ein langer Weg dorthin. Aber Tino hat sich für sich entschieden, für uns.« *Bettina*

»Die anfänglichen Herausforderungen haben uns gelehrt, einerseits die eigenen Bedürfnisse und die des anderen zu akzeptieren und sie andererseits in ein Gleichgewicht zu bringen, das sich für beide gut anfühlt. Der Freiraum, der dadurch entsteht, ist eine wichtige Basis. Sie bedeutet für mich, ein Grundvertrauen in unsere Beziehung zu haben.« *Deborah*

So erkennst du deinen Soulmate

Ob du deinen Seelenpartner getroffen hast, kann dir nur deine Intuition, deine innere Stimme sagen. Niemand sonst kann dies wissen. Nur du selbst. Du wirst tief in dir spüren, dass es so ist. Wenn ihr euch begegnet, wird eine tiefe Verbundenheit spürbar sein. Es ist, als ob ihr durch die Augen des anderen tiefer sehen könnt. Als ob ihr euch wiedererkennt. Dies ist kein bewusster Prozess. Vielmehr erkennen eure Seelen einander. Du spürst dies einfach als tiefes inneres Wissen.

Als ich (Alexandra) Joaquin kennenlernte, war da von Anfang an eine Verbundenheit. Auch wenn wir zum damaligen Zeitpunkt nicht ineinander verliebt waren, fühlte es sich dennoch so an, als würden wir uns schon lange kennen, als würden wir den jeweils anderen tiefer verstehen. Auf einer anderen Ebene fühlen, wie es ihm geht. Wir haben sehr viel geredet. Über alles. Das waren die intensivsten Gespräche, die ich je geführt habe. Wir haben viel gefühlt. Alle Gefühle waren da: Freude, Trauer, Schmerz, Angst, Hilflosigkeit, Wut, Liebe. Und wir hatten sehr, sehr viele Hürden zu überwinden, bis wir zusammen sein konnten. Bis wir uns erlaubt hatten, zusammen zu sein. Sehr vieles im Außen sprach gegen unsere Liebe. Auch unser eigener Verstand sprach dagegen.
Es gab nur eines, was all diese Stimmen übertönte. Was lauter und gehaltvoller war als alles um uns herum und stärker als all die zweifelnden Gedanken und Gefühle: Das war die Stimme unserer Intuition. Die Stimme unserer Seele, die einfach wusste, dass alles gut werden würde. Für alle. Es war unsere innere Stimme, die sich nicht ausblenden ließ. Die

wusste, dass es nur den einen richtigen Weg gab. Und der war, dass wir zusammen sind. Und so nahmen wir all den Schmerz, all die Schuldgefühle, all den Verlust an Sicherheit und so vieles mehr in Kauf, um zusammen zu sein.
Es war eine sehr, sehr schwere Zeit. Wir wogen beide nur noch sehr wenig, weil der innere Stress so groß war. Aber wir wussten, dass es immer einen Weg gibt, wenn wir der Liebe folgen. Die Liebe hat uns durch diese Zeit getragen. Sie hat uns Flügel verliehen, und wir haben eine Stärke entwickelt, die wir zuvor nicht kannten.
Wir haben uns gegenseitig gestärkt. Immer wenn es einem von uns nicht gut ging, war der andere da, um ihn aufzufangen. Einer von uns war immer stark. So, als wären wir zwei Schalen einer Waage, die sich automatisch ausglich und wieder zu ihrer Mitte fand.
Auch im Verlauf unserer Beziehung haben wir in sehr schwierigen Situationen immer wieder gemerkt, dass genau diese uns stärker machten. Oder vielmehr: dass wir zusammen stärker waren. Viel stärker, als wir vorher angenommen hatten.

Ich glaube, das ist ein wichtiger Aspekt bei allen Seelenpartnerschaften: Zwei Seelen gehören zusammen, weil sie sich gegenseitig ergänzen und stützen. Weil sie zusammen einfach stärker sind.
Wenn du Joaquin fragst, wer die stärkste Person ist, die er kennt, nennt er meinen Namen. Fragst du aber mich, würde ich immer antworten: Joaquin. Denn er gibt mir und unserer Familie so viel Halt. So viel Kraft und Sicherheit.
Wenn du uns also fragst: »Wie erkenne ich meinen Seelenpartner?«, dann lautet unsere Antwort: »Du wirst dir diese Frage nicht mehr stellen, du spürst es einfach tief in dir. Und du lässt dich von genau diesem Gefühl leiten.«

»**Als** wir uns verliebten und zusammenkamen, war das eine absolut intuitive Entscheidung. Wir konnten sie nicht rational erklären. Wir waren wie zwei magnetische Pole und konnten einfach nicht anders.« *Louisa*

Joaquin und ich sind uns auf der Arbeit begegnet. Als ich beruflich noch nicht meinem Herzensweg gefolgt bin, war ich in einem internationalen Konzern tätig. Dort haben wir uns kennengelernt.
Es fühlte sich an, als ob wir uns schon lange kennen. Das ist in den meisten Seelenpartnerschaften der Fall. Man hat das Gefühl, den anderen wiederzusehen. Es ist von Anfang an eine gewisse Vertrautheit da. Ein Gefühl, als ob man den anderen wirklich sieht. Nicht nur sein Aussehen, Image oder Alter, sondern die Seele des anderen. Als könne man erkennen und fühlen, wie es ihm wirklich geht, hinter der Fassade.

Auch in den Gesprächen mit unseren Soulmates wurden die folgenden Punkte immer wieder genannt, wenn es darum ging, die Begegnung und Beziehung mit dem eigenen Soulmate zu beschreiben.

Deinen Soulmate erkennst du an folgenden Aspekten:

- Es fühlt sich an, also ob ihr euch bereits lange kennt.
- Ihr seid euch sehr vertraut.
- Es gibt wahnsinnig viel zu reden, ihr führt tiefe Gespräche.
- Ihr begegnet euch auf Seelenebene – das heißt, ihr spürt, wer der andere hinter allen Äußerlichkeiten und Rollen ist, was er fühlt.
- Mit deinem Soulmate zusammen zu sein, fühlt sich an wie ein Nach-Hause-Kommen.
- Du fragst dich nicht, ob er/sie der/die Richtige ist – du weißt es einfach.
- Vielleicht gibt es Herausforderungen zu Beginn eurer Beziehung: Es kann sein, dass Lebenssituationen, Menschen und die Vernunft gegen diese Verbindung sprechen, aber eure Intuition weiß, dass es richtig ist, und ihr habt dieses tiefe innere Wissen und Vertrauen, dass ihr zusammengehört.
- Voneinander getrennt zu sein, schmerzt euch. Ihr vermisst euch sehr, manchmal sogar so sehr, dass es körperlich wehtut.
- Wenn ihr getrennt seid, fühlt es sich an, als entstünde eine innere Leere.
- Von Anfang an besteht eine tiefe innere Verbundenheit, es geht um viel mehr als nur um sexuelle Anziehung.
- Ihr seid füreinander Spiegel und helft euch dadurch, zu wachsen.
- Ihr unterstützt euch in eurer persönlichen Entwicklung und gebt euch gegenseitig Halt.
- Ihr unterstützt den anderen dabei, sein Potenzial voll zu entfalten. Oftmals erkennt ihr das Potenzial eures Partners bereits, bevor er selbst dies tut.
- Eure Beziehung ist in Bewegung und wächst mit euch.
- Auch wenn ihr vor Krisen oder Herausforderungen gestellt werdet, gebt ihr euch Halt und fangt einander auf.
- Da ist ein tiefes Vertrauen zwischen euch.

»Unsere erste Begegnung hatte etwas Schicksalhaftes – unsere Blicke trafen sich über viele Köpfe hinweg in der Menge. Es war, als ob mich der Blitz getroffen hätte.« *Julia*

»Es fühlt sich einfach einfach an.« *Kai*

»Ich war anfangs verdutzt und gar nicht darauf vorbereitet. Es hat eingeschlagen wie ein Blitz. Mit einem riesengroßen Knall war alles anders. Nichts, was früher war, ist mehr relevant. Es ist auf einmal alles richtig. Wenn du den Richtigen triffst, bist du ein anderer Mensch. Alte Muster wiederholen sich nicht mehr. Alles ist neu, wie bei einem leeren Blatt Papier, das man zusammen mit Geschichten füllt.« *Annika*

»Bei uns ging alles so schnell, als wir uns das erste Mal begegnet sind. Ich habe Tino an seiner Stimme ›wiedererkannt‹. Vom ersten Satz an war da etwas, was mir vertraut erschien. Es stieg aus meinem Unterbewusstsein empor. Darum haben wir uns zwei Tage nach unserem ersten Rendezvous füreinander entschieden und genießen seither jeden Tag, den wir zusammen erleben dürfen. Ich hatte beim ersten Rendezvous die Eingebung, dass wir heiraten würden, und dies, obwohl wir beide damals anderweitig verheiratet waren. Ich finde das immer noch so speziell, wie alles begann. Wir hatten uns entschieden, und ein kleiner Satz hat uns durch die Stürme des Anfangs getragen: ›geschehen lassen‹. Wir waren wohlgemerkt damals überhaupt nicht spirituell. Wenn wir zurückblicken, wird uns bewusst, dass uns schon damals eine höhere Kraft und Weisheit begleitete. Wir erkannten ganz klar, dass wir nicht zum ersten Mal verbunden waren. Wir versprachen einander, dass wir zusammen alt werden würden. Nun haben wir schon ein ganz großes Stück des gemeinsamen Weges hinter uns und freuen uns wie am Anfang auf alles, was noch kommt. Wir sind die Schöpfer unseres Weges. Wir entscheiden, was wir aus jedem einzelnen Moment heraus erwecken. Die Liebe zur Musik ist unser roter Faden. Der hat uns von Anfang an begleitet. Schließlich haben wir uns ja in einem Chor ›wiedergefunden‹. Ich war Sängerin, Tino war Dirigent, und so nahm die Geschichte ihren Lauf.« *Bettina*

»In einem Raum mit ca. 800 Menschen sah ich Frank sitzen, und mich überkam ein sehr warmes und wohliges Gefühl.« *Darija*

»**Dass** Darija mein Soulmate ist, erkenne ich daran, dass sie mich sehr gut ergänzt. Sie hat und kann Sachen, die ich nicht habe und kann.« *Frank*

»**Immer** wenn sie mich berührte, durchfuhr mich so etwas wie ein elektrischer Schlag. Das kannte ich bis dahin nur aus kitschigen Liebesromanen.« *Lara*

»**Dass** Sascha mein Soulmate ist, erkenne ich am Humor, ja, das ist klischeehaft, aber eben einfach total wichtig, der Humor hat bei uns sofort gematcht. Aber auch an gleichen Routinen, zum Beispiel als wir zum ersten Mal gemeinsam in ein Hotelzimmer eingecheckt haben und beide wortlos unsere Koffer ausgepackt und die Sachen weggeräumt haben. Und an ganz vielen Kleinigkeiten. Und daran, dass ich mich einfach auf Sascha verlassen kann.« *Julia*

»**Immer** wenn ich Max gesehen habe, hat mein Herz einen Sprung gemacht. Es war eine Gefühlsexplosion, ganz viel Anziehungskraft und dieses Gefühl, am liebsten jede Sekunde mit ihm zusammen sein zu wollen. Alles, was vorher war, war nicht mehr wichtig. Aber die Kriterien, warum Max der richtige Partner an meiner Seite ist, verändern sich auch. Es gibt immer wieder neue Aspekte, die ich entdecke und die mir wichtig sind.« *Eva*

»**Wir** haben gemerkt, dass wir füreinander bestimmt sind, weil wir beim anderen so sein können, wie wir sind. Wir verstehen uns blind. Oft empfinden wir Dinge ähnlich und haben die gleichen Gedankengänge bzw. nehmen Situationen und unser Umfeld gleich wahr. Wir fühlten sehr schnell ein großes Vertrauen zueinander. Simon und ich lachen viel miteinander und haben einen ähnlichen Humor.« *Marc*

»**Ich** hatte erst keine Erwartungen, weil ich gerade aus einer gescheiterten Beziehung kam, und dachte, es würde vielleicht nur ein kleiner Flirt. Aber so einen ehrlichen, bedingungslosen, aufmerksamen Mann hatte ich zuvor noch nie getroffen.« *Stefanie*

»**Da** gibt es viele Dinge, an denen ich merke, dass Eva für mich die Richtige ist. In der ersten Phase der Verliebtheit war es einfach überwältigend, so einen tollen Menschen an meiner Seite zu haben, und ich wollte keine Sekunde ohne ihn sein, aber wir führten zu dieser Zeit eine Fernbeziehung. In den weiteren Phasen der Beziehung habe ich meine Frau noch einmal neu kennenlernen dürfen, da wir sehr unterschiedliche Berufe haben, die uns natürlich auch prägen. Das heißt, wir haben uns gemeinsam entwickelt, und ich habe gerade in den letzten Jahren gemerkt, dass unsere Beziehung auch auf ähnlichen Werten basiert.« *Max*

»**Es** war eine tiefe innere Verbindung da. So, als ob ich Daniel schon gekannt hätte oder wir uns wiedersehen würden nach langer Zeit.« *Louisa*

»**Bei** mir hat es eingeschlagen wie ein Blitz, als ich Louisa traf. Von da an war alles anders. Ich habe mich von meinem Herzen leiten lassen – entgegen aller Vernunft.« *Daniel*

In den Interviews mit unseren Soulmates wurde sehr deutlich:
Auch wenn die Umstände, unter denen sich die Paare kennenlernten, »falsch« erschienen, hat die Intuition den Partnern das Gefühl gegeben, dass sie richtig füreinander sind. Dieses innere Wissen, ihre Intuition, konnten sie nicht überhören.

Auch wenn vieles gegen eine Beziehung spricht, gegen eine Liebe, lässt sich diese nicht aufhalten von äußeren Hürden, wenn das Paar auf seine Intuition vertraut.

»**Ich** habe gemerkt, dass es sich in diesem Moment stimmig anfühlt. Ich glaube auch nicht, dass nur ein Partner der ›Richtige‹ sein kann. Wenn wir erwarten, dass nur eine Person all das erfüllt, was wir uns wünschen, baut das einen enormen Druck auf, dem niemand standhalten kann.« *Daniela*

»**Ich** habe mir die Frage nicht mehr gestellt, ob er der Richtige ist.« *Inga*

»**Du** findest den Richtigen, wenn du nicht mehr daran denkst.« *Annika*

»**Zweifel** und Bewertungen kamen nur von außen. Freunde waren der Meinung, dass es nicht klappen könnte zwischen uns, wegen des Altersunterschieds. Aber das hat uns nicht zweifeln lassen, wir wussten, dass wir füreinander richtig sind.
Rückblickend kann ich sagen, dass ich damals zum ersten Mal gemacht habe, was für mich richtig war. Für mich war es ganz klar und eindeutig, auch wenn andere mich dafür verurteilt, mich belächelt oder kritisiert haben. Das war für meinen eigenen Lebensweg sehr wichtig.« *Eva*

»**Es** war, als würden wir uns schon lange kennen. Sehr vertraut, schön und natürlich. Sehr geborgen.« *Simon*

»**Die** Entscheidung war unglaublich schnell gefällt – wider jede Vernunft. Stell dir vor: Ich stand damals kurz vor meinem 41. Geburtstag, war Mutter von vier Kindern. Hatte einen lieben Mann, und doch gab es damals schon einen Riss, etwas hatte sich ein halbes Jahr vorher verändert. Dies war für uns beide ganz deutlich spürbar. Diesen Riss musste es geben, sonst hätte unser Weg nicht diesen Lauf genommen. So erschien es mir im Nachhinein, dass die Weichen für Tinos und meine Wiederbegegnung in diesem Leben von vornherein gelegt wurden. Wir mussten uns wieder begegnen. Wir hatten dies so vereinbart.«

Bettina

Was den »richtigen« Partner ausmacht, ist sicherlich für jeden etwas anderes. Dies ist abhängig von unseren persönlichen Erlebnissen und Erfahrungen, von unserem Wertesystem und unseren Vorstellungen vom Leben. Dennoch lässt sich eine deutliche Gemeinsamkeit bei allen Soulmates erkennen: Der »richtige« Partner ist der, bei dem ich ganz ich selbst sein kann. Bei dem es keine Masken gibt, sondern der mich so annimmt, so liebt, wie ich bin.

Im Gegenzug sollte ich meinen Partner natürlich auch so lieben, wie er ist. Das fällt uns aber nicht immer leicht. Haben wir doch oft den Drang, andere so zu verändern, wie es unseren Vorstellungen entspricht.

SELBSTREFLEXION

› Was zeichnet den »richtigen« Partner für dich aus?
› Wie möchtest du dich in seiner Gegenwart fühlen?
› Wie wünschst du dir, dass ihr miteinander umgeht?
› Welche Werte sind dir in einer Beziehung wichtig?
› Und inwieweit bist du selbst bereit, deinen Partner so zu akzeptieren, wie er ist?
› Neigst du dazu, andere verändern zu wollen? Wie war das in deinen letzten Beziehungen? Wie wünschst du es dir zukünftig?

Auf die Frage, was ihr Partner für sie verkörpert und bedeutet, haben unsere Soulmates Folgendes geantwortet:

»**Mein** Partner verkörpert für mich Zuhause.« *Daniel*

»**Wenn** Alex bei mir ist, fühlt sich alles richtig an. Wenn nicht, ist da ein Loch, das ich selbst nicht füllen kann.« *Joaquin*

»**Tino** verkörpert für mich meine große Liebe.« *Bettina*

»**Marc** verkörpert für mich vieles, aber vor allem ein großes Herz.« *Simon*

»**Mit** Freddy ist alles anders. Alles schöner. Es fühlt sich an wie ein ganz neues Leben.« *Annika*

»**Mein** Partner verkörpert für mich Sicherheit, Geborgenheit, Liebe.« *Stefanie*

»**Joaquin** ist für mich mein Zuhause. Derjenige, der mich versteht, unterstützt und so liebt, wie ich bin.« *Alexandra*

Heile dein verletztes Herz

»**Wir** selbst und unser neuer Partner sollten es uns wert sein, uns von den Themen zu befreien, die negative Projektionen in unsere Partnerschaft bringen.« *Alexandra*

Du hast vielleicht schon öfter gehört, dass man erst die eigenen Themen heilen muss, bevor man eine ausgeglichene Beziehung führen kann.

Warum ist das so wichtig?
Weil in jeder Situation, in jedem Konflikt, in jeder Sekunde unseres Lebens das, was wir denken, was wir fühlen, was wir sagen, wie wir reagieren, unbewusst durch unsere Erfahrungen und Überzeugungen gelenkt wird. Wenn wir uns also mehr Harmonie in unserer Partnerschaft wünschen, jedoch immer wieder Konflikte erleben, dürfen wir uns fragen:

- Wo bin ich mit mir selbst noch nicht in Harmonie?
- Was kämpft in mir?
- Wogegen kämpfe ich an?
- Was habe ich noch nicht abgeschlossen?
- Was muss ich noch loslassen?
- Was und wem muss ich vergeben?

Erst wenn wir unsere unbewussten Themen und Strategien kennen und wirklich ehrlich mit uns sind, können wir auch mit anderen klar und ehrlich kommunizieren.
Erst wenn wir mit uns im Reinen sind, übertragen wir alte Themen und Wunden nicht mehr unbewusst auf andere.

Erst wenn wir nicht mehr mit uns kämpfen, können wir in Harmonie leben.
Erst wenn wir ehrlich mit uns selbst sind, sind wir wirklich fair zu unserem Gegenüber.
Erst wenn wir unseren eigenen Schmerz erkennen und annehmen, können wir den Schmerz des anderen sehen und Mitgefühl für ihn haben.

*Und dann geschieht etwas Wunderbares:
Wir sprechen nicht mehr von Ego zu Ego,
sondern von Herz zu Herz miteinander.*

Dann gewinnen Beziehungen an Tiefe, und beide Partner haben das Gefühl, so angenommen zu sein, wie sie sind. Mit allen Stärken und Schwächen. Sich so zeigen zu können, wie sie sind. Und so geliebt zu werden, wie sie sind.

Auch viele unserer Soulmates mussten erst einige alte Verletzungen heilen, um eine harmonische Beziehung leben zu können:

»**Bevor** ich meinen Mann kennenlernte, hatte ich mich bewusst entschieden, mich erst mit mir und meinem Inneren Kind zu beschäftigen. Ich habe zwei Jahre innere Arbeit gemacht, an meinen Glaubenssätzen und Mustern gearbeitet, weil ich nicht länger nur lieben wollte, um geliebt zu werden.« *Inga*

»**Früher** waren Dramen in einer Beziehung für mich normal. Heute kann ich in einer Beziehung autark sein. Ich habe Muster und alte Glaubenssätze aufgelöst. Ich habe mit 38 Jahren gelernt, mich selbst zu lieben, und wirklich verstanden, dass ich nichts tun muss, um liebenswert zu sein. Erst, als ich glücklich mit mir selbst war und die Bestätigung von außen nicht mehr gebraucht habe, habe ich meinen Soulmate kennengelernt.« *Bea*

»**Ich** habe erst in meiner Beziehung mit David gemerkt, was in den alten Beziehungen nicht gestimmt hat. Ich hatte zuvor Dinge für ›normal‹ gehalten, die es nicht waren, und durch David erlebt, wie Liebe auf Augenhöhe sein kann. Am Anfang unserer Beziehung habe ich immer gedacht, ich würde direkt verlassen, wenn es mal kleine Reibereien gab. Aber dieses alte Thema konnte ich loslassen und bin mir nun nach fast 15 Jahren meiner Sache sicher.« *Stefanie*

»Aus meinen Ex-Beziehungen habe ich gelernt, dass ich bei mir bleiben muss und dass es ein Gleichgewicht in der Beziehung geben sollte.« *Deborah*

»Ich habe in früheren Beziehungen manchmal unbewusst Dramen kreiert, weil ich das Glaubensmuster verinnerlicht hatte, dass wir uns als Paar dann näherkommen. Meine Partner waren häufig eher Kopfmenschen und konnten nur schwer Gefühle zeigen. Mir als gefühlsbetontem Menschen war dies jedoch sehr wichtig. Mein Bedürfnis nach emotionaler Tiefe konnte in diesen Partnerschaften nicht erfüllt werden. So waren die Dramen für mich instinktiv ein Weg, Emotionen in meinem Gegenüber zu erzeugen. Die Wurzel für dieses unbewusste Verhalten war ein Gefühl der Wertlosigkeit, das ich durch innere Arbeit lösen konnte. Seitdem erlebe ich solche Dramen nicht mehr. Aus meinen Ex-Beziehungen habe ich zudem gelernt, was ich nicht mehr möchte und was mir wichtig ist. Was ich brauche, um mich so angenommen zu fühlen, wie ich bin. Für mich war es sehr wichtig, die Gefühle aus meiner Trennung zu verarbeiten: Schuld, Scham, Trauer, Angst. All diese Gefühle waren noch da, und ich wusste, ich möchte sie nicht mit in die neue Beziehung nehmen. Ich möchte sie loslassen und mir selbst vergeben. Und das habe ich mithilfe von Coachings getan.« *Alexandra*

»Ich habe aus meiner Ex-Beziehung gelernt, dass man manchmal miteinander streiten und Dinge ausdiskutieren muss.« *Frank*

»In meiner Beziehung mit Marc habe ich gemerkt, dass ich so sein kann, wie ich bin, und genau so auch geliebt werde. Ich hatte nicht mehr das Gefühl, mich verstellen oder etwas darstellen zu müssen. Es hat sich einfach ganz natürlich angefühlt. Und so habe ich gelernt, dass ich genau das nicht mehr möchte: mich in einer Beziehung verstellen, um dem anderen zu gefallen, wie ich es viele Jahre zuvor getan hatte.« *Simon*

»Aus meinen Ex-Beziehungen habe ich gelernt, dass ich niemanden erziehen möchte. Ich möchte mit dem Menschen zusammen sein, in den ich mich verliebt habe. Was ich auch gelernt habe, ist, Nein zu sagen.« *Darija*

»Ich habe sehr lange am klassischen Familienbild festgehalten. Deshalb war es auch unglaublich schwer für mich, mich von meinem Mann zu trennen, als ich Daniel kennenlernte. Das war eine sehr herausfordernde Zeit, denn wenn Verstand und Herz verschiedene Dinge sagen, ist man in einem tiefen inneren Konflikt. Nur war die Stimme meines Herzens letztlich so laut, dass ich sie mit meinem Verstand nicht mehr ausblenden konnte. Und ich wusste, wenn ich nicht dauerhaft traurig sein oder am Ende meines Lebens vieles bereuen möchte, musste ich den Schritt gehen und mich vom klassischen Familienbild verabschieden. Heute ist für mich das Leben in der Patchworkfamilie wunderschön. Mein Leben fühlt sich viel bunter, erfüllter und freier an als zuvor. Aber bis dahin war viel innere Arbeit notwendig.« *Louisa*

»Ich habe die negativen Glaubenssätze aus meiner Kindheit aufgespürt und in positive verwandelt, zum Beispiel: ›Du musst nichts tun, um liebenswert zu sein.‹ Diese Selbstliebe wirklich zu leben, mich selbst an erste Stelle zu setzen und etwas nicht nur zu tun, weil ein anderer es gern möchte, war sehr wichtig für mich. Dieses Muster habe ich erst mit 38 Jahren ganz aufgebrochen und gelöst. Seitdem brauche ich die Bestätigung von Männern nicht mehr. Und erst mit dieser Erkenntnis ist Mike in mein Leben gekommen.« *Bea*

SELBSTREFLEXION

› Blicke auf deine Ex-Partnerschaften zurück:
Welche alten Verletzungen hast du geheilt oder möchtest du gern heilen?

ÜBUNG: Was dich das Leben gelehrt hat

Nimm ein großes Blatt Papier und einen Stift zur Hand. Setze dich an einen Ort, an dem du dich wohlfühlst. Dann zeichne auf das Papier deine Lebenslinie. Von deiner Geburt bis heute. Lasse die Linie auch gern weiter in die Zukunft reichen. Zeichne nun auf dieser Linie alle für dich prägenden Erfahrungen ein. Lasse dich von den folgenden Fragen leiten:

Welche Ereignisse haben dich besonders beschäftigt?
Was hast du aus ihnen gelernt?

Füge zu jedem Ereignis dein »Learning«, also das, was du für dich mitgenommen hast, hinzu, sodass du schlussendlich eine Lebenslinie mit allen wichtigen Lebens- und Lernthemen hast. Wenn es dir schwerfällt, ein »Learning« zu erkennen, frage dich:

Wenn die Erfahrung nur *einen* positiven Aspekt hätte, welcher wäre es?

Prüfe noch genauer, in welchen Situationen du vielleicht mit bestimmten Personen weiterhin haderst. Wo noch alter Schmerz sitzt. Was braucht es, damit du vergeben kannst? Vergeben bedeutet nicht, das Verhalten des anderen gutzuheißen, sondern, dir selbst in Liebe zu vergeben, damit du endlich loslassen kannst.

Was hast du bisher also noch nicht losgelassen?
Welche alten Themen holen dich auch heute immer noch ein?

Gehe noch weiter, und füge zu jeder Situation hinzu, welche Überzeugungen und Werte aufgrund dieser für dich entstanden sind. Ziel ist es, dass du einen ehrlichen Überblick über deine Vergangenheit und die Themen, die dich unbewusst bis heute beeinflussen, erhältst. Neben den eher negativen Erlebnissen vergiss bitte nicht die positiven.

Welche Überzeugungen und Werte, welche »Learnings« konntest du aus den positiven Erfahrungen mitnehmen?

Du musst diese Übung nicht an einem Tag machen. Lasse dir Zeit, und füge nach und nach deine Erkenntnisse hinzu. So bekommst du einen guten Überblick über Trigger und Themen, an denen du noch arbeiten darfst. Es ergibt sich ein großes Gesamtbild. Und vielleicht erkennst du auch einen roten Faden in deinem Leben:

Was wiederholt sich? Und wozu ist das gut?

Praxisbeispiel: Angst vor Wertlosigkeit

Als Nina zu mir (Alexandra) ins Coaching kam, war sie auf der Suche nach der großen Liebe. Sie war zu diesem Zeitpunkt 34 Jahre alt und sehr unglücklich, weil sie dachte, sie würde nie »den Richtigen« finden. In ihrem Umfeld waren die meisten bereits verheiratet und gründeten Familien. Nur sie war »der einzige Single, der übrig geblieben ist«, sagte sie zu mir und fügte hinzu: »Wenn das so weitergeht, werde ich nie heiraten und Kinder bekommen.«
Ihre Ängste und Sorgen blockierten sie darin, sich für eine neue Partnerschaft zu öffnen. Im Coaching kamen wir sehr schnell auf ihren Ex-Freund zu sprechen. Sie war mit ihm im Streit auseinandergegangen, weil sie sich von ihm nicht wertgeschätzt und hintergangen gefühlt hatte. »Die Zeit mit seinen Freunden war ihm wichtiger als ich«, sagte sie mir. Ihm sein Verhalten zu verzeihen, dazu war sie nicht bereit. Viel zu groß waren noch ihre Wut und Enttäuschung. Doch diese Gefühle und auch ihr geringes Selbstwertgefühl wurzelten viel tiefer. Durch die Arbeit mit ihrem Inneren Kind konnten wir negative Glaubenssätze, die sie über sich selbst hatte, und vor allem Gefühlsblockaden lösen, die sie noch in sich trug. Wut, Trauer, die Angst davor, nicht gut genug und allein zu sein, konnten wir transformieren und auflösen. Danach war es leicht für Nina, ihrem Ex-Freund zu vergeben. Sie erkannte, dass sein Verhalten nichts mit ihr zu tun gehabt hatte. Wir hatten ihre Triggerpunkte gelöst.
Einige Monate nach unserem Coaching schrieb Nina mir: »Liebe Alexandra, du wirst es nicht glauben. Ich habe *ihn* gefunden. Plötzlich war er da. Er heißt Martin, und wir ziehen diesen Monat zusammen. Ich bin so glücklich, alles fühlt sich einfach richtig an. Und da ist nicht mehr dieser Kampf oder dieses Ringen

um Aufmerksamkeit, das ich früher in meinen Beziehungen erlebt habe. Alles ist so einfach und viel schöner als früher. Ich danke dir so sehr, dass du mir im Coaching geholfen hast, die alten Blockaden zu lösen. Es war das Beste, was ich tun konnte, eine so große Befreiung. Danke, dass es dich gibt. Du bist ein wahrer Engel.«

SELBSTREFLEXION

› Was musst du noch lösen, bevor du in eine neue Beziehung gehst?
› Welche Gefühle brauchen noch Raum?

Wenn du schon in einer Beziehung bist, frage dich:
› Was solltest du für dich und deinen Partner lösen?

Lasse deine Ex-Beziehung(en) los

»Verdrängte Gefühle lösen sich nicht von selbst auf. Das ist auch der Grund, warum Zeit nicht alle Wunden heilt. Nur wir selbst können das.«
Alexandra

Durch die Übung im vorangegangenen Kapitel hast du sicherlich einen guten Überblick erhalten, welche Aspekte deiner Ex-Beziehung(en) du bis heute noch nicht losgelassen hast. »Nicht losgelassen« bedeutet in dem Zusammenhang nicht, dass du den Ex-Partner noch liebst oder ihn zurückmöchtest. Es bedeutet vielmehr, dass es gewisse Trigger gibt, die damals oder noch früher entstanden sind und die sich bis heute immer wieder in deinem Alltag zeigen. Es bedeutet, dass es vielleicht noch etwas zu vergeben gibt, dir selbst oder dem anderen gegenüber. Es bedeutet, dass vielleicht noch verdrängte Gefühle vorhanden sind, die ins Bewusstsein geholt und aufgelöst werden möchten, damit du dich befreit fühlst. In jedem Fall ist es wichtig, dir deine Ex-Beziehungen nochmals anzusehen, damit du diesen alten Ballast nicht mit in die neue Beziehung nimmst.

*Nicht loszulassen, kann sich anfühlen
wie ein innerer Kampf, den du immer wieder kämpfst.
Doch gegen wen kämpfst du wirklich?
Im Grunde nur gegen dich selbst.*

»**Die** Angst, verlassen zu werden und allein zu sein, und die Schwierigkeit, meinem Partner zu vertrauen, haben mich damals sehr beschäftigt. Darüber haben wir viel geredet. Und uns für kompromisslose Selbstverantwortung entschieden: Ich gebe Franz nie Verantwortung für meine Gefühle. Jedes Problem in unserer Beziehung hat etwas mit mir zu tun. Bevor ich anfange, an unserer Beziehung herumzudoktern, schaue ich bei mir.« *Inga*

INGA UND FRANZ

Inga hat schon immer von der großen Liebe geträumt und an sie geglaubt. Nach der Schule, als ihre Freundinnen sich mit Karriere und Auslandsaufenthalten beschäftigten, wollte sie nach der großen Liebe suchen. Und sie wusste, dass sie dazu erst einiges in sich selbst aufräumen musste. So nahm sie sich zwei Jahre Zeit, arbeitete an ihren Glaubenssätzen, mit ihrem Inneren Kind, machte Familienaufstellungen und las eine Menge zum Thema »Persönliche Entwicklung«. So ließ sie nach und nach alte Muster und Ängste los.

Und dann traf sie Franz. Plötzlich war er da, und der Traum von der großen Liebe wurde für sie wahr. Sie sagt, dass Franz sie darin bestärkt, immer mehr sie selbst zu sein. Inga sieht alle Gefühle, die in der Beziehung aufkommen, alle Konflikte und Krisen als Möglichkeit, an sich selbst zu arbeiten. Kompromisslose Selbstverantwortung, das heißt, dem Partner nicht die Verantwortung für die eigenen Gefühle zu geben, ist für sie grundlegend wichtig und ein Geheimrezept in ihrer Partnerschaft.

Löse alte Muster

Praxisbeispiel: Eifersucht und Klammern

Lisa und Paul hatten sich gerade frisch kennengelernt. Beide waren sehr verliebt und glücklich. Und dennoch kam es immer wieder zu Konflikten, die beide nicht einordnen konnten. Lisa begleitete die Angst vor Verletzung, davor, verlassen zu werden. Sie war oft eifersüchtig und unsicher, auch wenn sie versuchte, es Paul nicht spüren zu lassen. Sie interpretierte in jeden Rückzug Pauls zahlreiche Dinge hinein. Paul hingegen hatte Angst vor Einengung. Sobald er das Gefühl hatte, dass Lisa »klammerte«, zog er sich zurück. Je mehr Lisa dann Nähe suchte und an Paul »zerrte«, desto mehr distanzierte er sich und wollte etwas ohne sie unternehmen. So kam es immer öfter zu Konflikten und Missverständnissen zwischen den beiden. Im Grunde spiegelten sich in diesen Konflikten nur die alten Ängste aus den Ex-Beziehungen der beiden wider. Lisa hatte Angst, wieder verlassen zu werden, und Paul hatte Angst, seine Freiheit zu verlieren. Diese Erwartungen hatten nichts mit der eigentlichen Situation zu tun, aber sie wurden zum Problem, da sie von den beiden aus der Vergangenheit in die Gegenwart übertragen wurden. Um dieses Problem also zu lösen, mussten die beiden sich jeweils ihrer Übertragung bewusst werden und alte Wunden sowie verdrängte Emotionen lösen. Erst dann konnten sie frei in die neue Beziehung gehen.

Das Beispiel von Lisa und Paul zeigt, wie sich ungelöste Themen der Vergangenheit als Muster in unserem Alltag zeigen, ohne dass uns dies bewusst ist. Daher möchten wir dich einladen, für dich zu überprüfen, inwiefern du alte Muster in deinen Beziehungen lebst. Auch wenn du glaubst, mit der Vergangenheit vollkommen abgeschlossen zu haben, mache die folgenden Übungen dennoch. Mitunter können diese Reflexionen neue Perspektiven eröffnen.

ÜBUNG 1: Rückblick

Du benötigst Papier, einen Stift und etwas Zeit für dich.
Gehe gedanklich die Ex-Beziehungen durch, die dich sehr geprägt haben. Unabhängig von der Länge der Beziehung. Beginne bei der Beziehung, die dir zuerst in den Sinn kommt, und beantworte die folgenden Fragen ehrlich, am besten schriftlich. Danach beantworte die Fragen für alle anderen Beziehungen, die für dich relevant sind:

› Was waren die Hoch- und was die Tiefpunkte eurer Beziehung?
› Wie bist du mit den Tiefpunkten umgegangen? Welche Gefühle und Gedanken aus dieser Zeit sind noch in dir aktiv?
› Welche Muster haben sich in der Beziehung gezeigt? Gibt es hier noch verletzte Gefühle, die betrachtet werden möchten?
› Was hast du dir oder deinem Ex-Partner noch nicht vergeben?
› Von einer höheren Perspektive aus betrachtet: Was konntest du für dich aus den Tiefpunkten lernen?
› Was konntest du aus den Hochpunkten lernen?
› Gab es einen roten Faden, ein Motto, ein wiederkehrendes Thema in eurer Beziehung?
› Was hat dieses Thema mit deiner damaligen Lebenssituation und persönlichen Entwicklung zu tun?
› Welche negativen Überzeugungen haben sich in dieser Beziehung in dir gebildet? Über dich, dein Leben und Beziehungen im Allgemeinen?
› Sind diese negativen Überzeugungen für dich heute immer noch gültig? Wenn ja: Sind sie zu 100 % wahr? Welche Gegenbeispiele kennst du?

ÜBUNG 2: Muster erkennen

Im nächsten Schritt ist es sehr hilfreich, dir der Muster bewusst zu werden, die sich in deinen Beziehungen wiederholt haben. Gehe dazu wie in der vorangegangenen Übung vor, und beantworte die folgenden Fragen ehrlich, am besten schriftlich:

› Welche Gemeinsamkeiten haben deine Ex-Partner?
  Worin unterscheiden sie sich?
› Welche Gemeinsamkeiten gibt es in den Beziehungen? Hat sich ein Thema immer wiederholt? Kannst du Muster erkennen?
› Was ist dein Anteil an diesem Muster? Welches Verhalten hast du immer wieder an den Tag gelegt?
› Was ist die Ursache für dieses Muster? Wo liegt die Wurzel für dein Verhalten in diesem Zusammenhang? Vielleicht in einem Erlebnis in deiner Kindheit oder frühen Jugend?
› Was kannst du daraus für dich lernen? Welche Erkenntnis nimmst du mit?
› Was möchtest du zukünftig loslassen? Was möchtest du etablieren?

Sehr oft beeinflussen uns Situationen aus der Vergangenheit auch in unserer Gegenwart noch. Studien zeigen, dass wir 90–95 % unserer Entscheidungen unbewusst treffen. Unser Unterbewusstsein, in dem unsere Überzeugungen gespeichert sind, steuert unsere Gedanken, Gefühle und unser Handeln und beeinflusst somit unsere Realität.
Umso wichtiger ist es, in unserem Unterbewusstsein »aufzuräumen« und die negativen Überzeugungen zu entlarven, die uns im Leben hemmen und negativ beeinflussen. Die folgende Übung hilft dir dabei.

»**Ein** Muster, das ich lösen durfte, ist in jedem Fall, zu sehr auf meinen Verstand zu hören und ihm zu folgen. Denn alle Entscheidungen, die ich aus dem Verstand heraus getroffen hatte, machten mich nie von innen heraus glücklich. Erst, als ich begann, meiner Intuition zu folgen, fühlte ich mich wirklich mit mir verbunden, erfüllt und friedlich. Zuvor war ich innerlich auf der Suche. Meine Intuition hat mir den Weg zu mir selbst gezeigt. Und sie hat auch dafür gesorgt, dass ich meinen Soulmate erkannte.« *Alexandra*

ÜBUNG 3: Negative Überzeugungen transformieren

Nimm deine Antworten aus Übung 1 und Übung 2 zur Hand, und suche die negativen Überzeugungen und Muster heraus, die du gern transformieren möchtest. Frage dich:

Welche Gedanken über dich und das Leben liegen dahinter?
Wenn es hier eine Kernüberzeugung gäbe, welche wäre das?

Dann nimm diese eine Kernüberzeugung, und begib dich in die folgende Meditation. Wenn du mehrere Überzeugungen ausgewählt hast, wiederhole die Übung beliebig oft. Häufig lassen sich die stärksten negativen Überzeugungen schon transformieren, indem wir mit der Kernüberzeugung arbeiten.

Schließe die Augen, und atme tief ein. Lenke deine Aufmerksamkeit auf deinen Körper. Wie fühlt er sich an? Beobachte, ohne zu bewerten. Dann frage dich: »Wenn es einen Ort in meinem Körper gäbe, an dem meine Kernüberzeugung ›…‹ liegen würde, welcher wäre das?«
Lasse die Antwort intuitiv aufkommen. Es gibt hier kein Richtig oder Falsch. Vielmehr gilt es, deiner Körperweisheit zu vertrauen und dich von ihr leiten zu lassen.
Wenn du eine Stelle oder auch mehrere Stellen lokalisiert hast, schaue sie dir genauer an: Welches Gefühl löst die Kernüberzeugung in dir aus? Welche Farbe hat sie? Welche Form? Hat sie eine eher glatte oder raue Oberfläche? Oder ist sie stachelig? Wird sie von einem Geräusch begleitet?
Stelle dir nun vor, wie du die Form aus dir herausnimmst. Stelle dir vor, wie du sie in den Händen hältst. Und nun lasse diese Form ganz klein werden. Du kannst einen Rahmen um die Stelle an deinem Körper erscheinen lassen und

jenen nun immer kleiner werden lassen. Und noch kleiner. Bis nichts mehr von der Überzeugung erkennbar ist. Bis sie sich komplett aufgelöst hat.
Falls es dir nicht gelingt, diese Form kleiner werden zu lassen, stelle dir stattdessen vor, wie sie so platt wie eine Briefmarke wird. Du hältst die Briefmarke in einer Hand und schlägst nun mit deiner Faust darauf, sodass sie in tausend kleine Teilchen zerspringt, als wäre sie aus Glas. Puste nun alle Teilchen von deiner Hand, bis nichts mehr übrig ist.

HINWEIS:

Diese Übung stammt aus dem NLP (Neurolinguistischen Programmieren). Du kannst sie für alle Arten von negativen Gefühlen anwenden.

»**Ich** fühle mich schnell bevormundet und bestehe auf dem Recht der freien Entscheidung, da ich in vorherigen Beziehungen sehr stark eingeengt wurde. Die Kernüberzeugung, die ich lösen durfte, war: ›Ich werde nicht gesehen.‹«
Max

»**Früher** habe ich oft mehr gegeben, als ich bereit war anzunehmen. Das hat zu einem Ungleichgewicht in der Beziehung geführt. Als ich mich im Coaching damit auseinandergesetzt habe, fand ich eine Kernüberzeugung, die mich immer wieder beeinflusst hatte: ›Ich bin nur wertvoll, wenn ich für andere da bin.‹ Diese aufzulösen, war die größte Befreiung für mich.« *Louisa*

TIPP:

Hast du schon mit deinem Inneren Kind gearbeitet?
Gerade wenn es um das Thema »negative Überzeugungen«, die in der Kindheit entstanden sind, geht, ist diese Arbeit sehr wirksam und wertvoll.
In meinem (Alexandras) Buch »Soulfulness« findest du viele Übungen und Meditationen dazu. Auch im Folgenden gehen wir noch auf das Thema ein.

Vergib deinem Ex-Partner und dir selbst

»Vergebung ändert nie deine Vergangenheit, aber bereichert deine Zukunft.«
Japanische Weisheit

Unser Verstand und unser Ego suggerieren uns oft, dass wir Schwäche zeigen, wenn wir anderen vergeben. Dass wir lieber festhalten sollten an der Wut, der Trauer oder dem Schmerz, denn Vergebung hätte der andere nicht verdient. Aber wem geht es wirklich schlecht, wenn wir nicht vergeben? Nur uns selbst. Nicht der anderen Person. Deshalb verdienst du es, die alten Gefühle loszulassen und positiv in die Zukunft zu blicken. Du verdienst es, die Vergangenheit ruhen und dich ganz auf etwas Neues einzulassen. Und nicht unbewusst immer wieder alte Wunden aufzureißen. Denn genau das geschieht, wenn du noch nicht losgelassen, noch nicht vergeben hast. Du trägst die verletzten Gefühle und die Wut weiter mit dir herum, schadest dir, deinem Körper und auch deiner neuen Beziehung.
Sei es dir also selbst wert, deinen Ex-Partnern zu vergeben. Vergeben bedeutet, in Liebe zu erkennen, dass auch die andere Person aus altem Schmerz, Angst und Wut so gehandelt hat, wie sie es tat. Dass ihr Verhalten im Grunde ein Ausdruck ihrer Projektionen und Erfahrungen war, die nichts mit dir zu tun hatten.

Wir alle tragen verletzte Innere Kinder in uns. Auch deine Ex-Partner. Und diese Inneren Kinder melden sich in Konfliktsituationen zu Wort und steuern unser Verhalten unbewusst. Daher ist es so wichtig, wie bereits angesprochen, ehrlich mit uns selbst zu sein und die eigenen alten Wunden zu heilen. Denn nur so können wir aus ungesunden und schmerzlichen Verhaltensmustern ausbrechen. Nur so können wir frei werden für etwas Neues.

ÜBUNG: Vergebung und das Innere Kind

Beantworte im ersten Schritt die folgenden Fragen ehrlich für dich selbst:

› Wem hast du noch nicht vergeben?
› Warum hast du bisher nicht vergeben?
› Frage dein jüngeres Ich: Bist du noch wütend auf oder enttäuscht, verletzt von einem Ex-Partner? Wenn ja, von wem? Was gibt es noch zu verzeihen?

Die letzte Frage ist wichtig, denn auch wenn dein heutiges Ich meint, alles wäre vergeben, kann es sein, dass dein jüngeres Ich noch in alten Gefühlen feststeckt und es hier Lösung und Vergebung bedarf.

Im zweiten Schritt ist es wichtig, dass du erkennst, dass das Verhalten des anderen nichts mit dir, sondern mit seinem eigenen Inneren Kind zu tun hatte. Hierzu stelle dir das Innere Kind deines Ex-Partners vor.

› Mit welchen Ängsten hatte es zu kämpfen?
› Wie sieht es in seinem Herzen aus?
› Wonach sehnt es sich?
› Was ist der eigentliche Grund seines Verhaltens? Worin liegt die Wurzel?

Wenn du die Hintergründe für dich reflektiert hast, wird es dir leichter fallen, Mitgefühl für deinen Ex-Partner zu entwickeln. Denn Mitgefühl ist der Schlüssel dazu, vergeben zu können.

Vielleicht möchtest du dir vorstellen, wie dein Ex-Partner mit seinem Inneren Kind im Arm vor dir steht, und ihm sagen, dass du ihm vergibst, auch wenn sein Verhalten zu keiner Zeit in Ordnung war. Oder vielleicht fällt es dir leichter, einen Brief zu schreiben, den du nicht abschickst. Vielleicht hast du auch dein ganz eigenes Ritual. Wichtig ist nur, dass du die Vergebung aussprichst und in deinem Herzen fühlst. Denn nur dann kann die alte Wunde heilen. Wahrhaft gefühlte Vergebung wirkt wie eine Salbe, die eine alte Wunde verschließt. Das bedeutet nicht, dass die Verletzung nie existierte. Erinnerungen bleiben. Es bedeutet nur, dass du nicht mehr im Groll daran zurückdenkst, sondern erkennst, was du daraus lernen kannst.

Was kannst du aus der Situation mit deinem Ex-Partner lernen? Was nimmst du für dich und deine neue Beziehung mit?

»Ich habe das allermeiste aus meiner Ex-Beziehung abgelegt. Aber ich merke manchmal, dass ich vergleiche. Und dann stelle ich schnell fest, dass es sinnlos ist, dies zu tun. Dahin gehend ist Mike mir ein großes Vorbild.« *Bea*

Nicht immer geht es bei der Vergebung darum, einem anderen Menschen zu verzeihen. Manchmal haben wir schlichtweg uns selbst noch nicht vergeben.
So ging es mir (Alexandra) lange Zeit. Ich hatte mir nicht vergeben, meinen Ex-Mann verlassen zu haben. Habe die alte Schuld lange unbewusst auf meinen Schultern getragen. Ich dachte, ich dürfte sie nicht loslassen und müsste fortan mit der Last leben. Im Grunde war dies reine Selbstbestrafung.
Erst als ich für mich erkannte, warum ich diese Erfahrung gemacht hatte, was ich daraus lernen sollte, was ich für mich mitnehmen konnte und was vielleicht auch mein Ex-Partner daraus lernen sollte, fiel es mir leichter, die alte Schuld aufzulösen.
Ich habe mir damals vorgestellt, wie es wäre, weiterhin die Schuld, die sich anfühlte wie ein schwerer Rucksack, mit mir herumzutragen. Wie es mir in zehn oder sogar 20 Jahren damit gehen würde. Die Vorstellung hat mir damals die Augen geöffnet. Denn auch das Tragen dieses Rucksacks aus Schuld und Scham änderte nichts an der vergangenen Situation. Stattdessen machte mich diese Schuld krank. Ich sah mich selbst in 20 Jahren: krank, depressiv, von Dunkelheit umgeben, traurig. So sollte mein Leben nicht verlaufen.
Ich erlaubte mir, das Alte loszulassen. Ich erlaubte mir, aus dem Geschehenen zu lernen. Ich erlaubte mir, mir endlich zu verzeihen und den schweren Rucksack abzusetzen. Das war eine unglaubliche Befreiung. Und manchmal braucht es nicht mehr als diese Erlaubnis. (Eine intensive Übung dazu findest du im Abschnitt »Hast du den richtigen Partner an deiner Seite?« auf S. 75.)

SELBSTREFLEXION

- Was hast du dir selbst noch nicht vergeben? Und warum?
- Was brauchst du, um dir selbst endlich zu vergeben?
- Wie würden dein Leben, deine Zukunft aussehen, wenn du dir nicht vergibst? Spüre ganz tief in deinen Körper hinein.
- Wie würden dein Leben, deine Zukunft aussehen, wenn du dir vergibst? Spüre erneut ganz tief in deinen Körper hinein.

Vielleicht möchtest du dir selbst einen Brief schreiben, einen Brief an dein jüngeres Ich. Oder vielleicht möchtest du dir vorstellen, wie du dein jüngeres Ich triffst und zu ihm sprichst. Vergebung kennt keine richtige oder falsche Form. Das Wichtigste ist, dass du es aus vollem Herzen tust. Dir selbst zuliebe.

Dir selbst zu vergeben, bedeutet auch in diesem Fall nicht, dass du das, was geschehen ist, gutheißt. Es bedeutet nur, dass du bereit bist, aus deinen Erfahrungen zu lernen und weiterzugehen. Denke immer daran: Es gibt keine Fehler, sondern nur Erfahrungen. Und wir sind hier auf dieser Erde, um so viele Erfahrungen wie möglich zu machen.

Dir selbst zu vergeben, bedeutet auch, dir selbst Mitgefühl entgegenzubringen. Dein jüngeres Ich in den Arm zu nehmen und all diese alten Gefühle von Scham und Schuld endlich loszulassen, dir selbst Liebe zu schenken. Weil auch du nur auf die Weise handeln konntest, zu der du zum damaligen Zeitpunkt bereit warst. Und weil auch du es verdient hast, wirklich und aus vollem Herzen glücklich zu sein.

»**Ich** hatte in meiner ersten Ehe gelogen und betrogen. Ich war 16 Jahre, als ich meinen Ex-Mann kennenlernte. Mit 20 wurde ich zum ersten Mal Mutter. Zwei Jahre später nochmals. Ich fühlte mich selbst noch wie ein Kind, obwohl ich am liebsten schon mit 18 Mutter geworden wäre. Mein Ex-Mann und ich konnten nie miteinander reden, da war nichts, nur eine Zweckgemeinschaft. Man heiratete und bekam Kinder. Es liegt schon so weit zurück, dass ich da gar nicht mehr zu tief suchen möchte. Für mich bedeutete diese Beziehung ein Abnabeln vom Elternhaus. Ich ging von einer Abhängigkeit in die nächste. Das war in meiner zweiten Ehe ganz anders. Aber eines hatte ich mir damals geschworen: Kein Lügen und Betrügen mehr. Meine zweite Ehe war sehr friedvoll und eigentlich auch sehr schön. Mein zweiter Mann war acht Jahre jünger als ich und tat alles für mich. Er hat mich auf Händen getragen, war ein liebevoller Stiefvater für meine Kinder und schenkte mir zwei weitere Kinder. Wir hatten eine wunderschöne Zeit zusammen. Aber wie aus heiterem Himmel hatte sich etwas verändert. Es war, als wäre unsere Zeit abgelaufen. Wir verstanden uns immer noch sehr gut, und doch hatte sich etwas Grundlegendes verändert. Ich möchte darauf jetzt nicht tiefer eingehen. Diese Veränderung läutete die Zeit ein, in der ich Tino treffen sollte. Als ich ihn dann traf, war ich vollkommen ehrlich mit meinem zweiten Mann. Darum ging dann wohl alles so schnell. Zum Glück verliefen meine beiden Scheidungen ohne Streit. Die zweite Ehe wollte man zuerst gar nicht scheiden lassen, sie sei zu wenig zerrüttet, nur, weil wir unsere schmutzige Wäsche nicht vor aller Welt gewaschen haben. Ich für mich habe gelernt, dass, ehrlich zu sein, das Wichtigste in einer Beziehung ist. Ehrlich sein zu sich selbst und zum Partner – das ist unser großes Geheimnis.«
Bettina

»**In** meiner ersten Ehe war ich sehr jung. Hatte wenig Wertschätzung für mich selbst übrig, aber ein großes Herz für andere. Ich dachte, ich müsse viel geben, um wertvoll zu sein. Habe meinem Ex-Mann immer sehr viel Bestätigung gegeben. Damals hatte ich ein geringes Selbstwertgefühl, habe mich zum Beispiel nicht intelligent genug gefunden. Und genau das hat mein Ex-Mann mir auch immer wieder gespiegelt. Er hat mir ständig vermittelt, dass ich nicht gut und klug genug sei. Doch ich habe gehofft, dass meine Liebe für uns beide reicht. Dass, wenn ich ihn nur noch mehr liebte, er endlich merken würde, was ich für ein toller Mensch war. Erst als unsere Kinder sieben und zehn Jahre alt waren, habe ich es dann endlich geschafft, mich zu trennen. Das war das erste Mal in meinem Leben, dass ich für mich eingestanden bin. Auch wenn ich anfangs noch Zweifel hatte, ob ich das Richtige tue.« *Bea*

Praxisbeispiel: Selbstvergebung

Als Lisa die Beziehung mit Tom einging, kam sie gerade erst aus einer sehr schwierigen Trennung. In ihr stauten sich Gefühle wie Schuld, Scham und Trauer. Ihrem Ex-Mann ging es nach der Trennung gar nicht gut, aber auch Lisa litt sehr unter ihr. Sie hatte das Gefühl, Schuld daran zu sein, dass ihr Ex-Mann nun unglücklich war, und dass sie sein Leben zerstört hatte. Sie konnte sich selbst diese Tat nicht vergeben und hielt an der Schuld fest. Und so kam es, dass sie sich in der neuen Beziehung mit Tom anfangs nicht erlaubte, die Zeit zu genießen und glücklich zu sein. Schließlich hatte sie es »nicht verdient«, so dachte sie.

Doch daraus entstand eine große Spannung zwischen Tom und Lisa. Tom verstand nicht, warum Lisa sich nicht fallen und auf ihn einlassen konnte. Sie trennten sich. Nun war Lisa noch unglücklicher, denn sie hatte schon tiefe Gefühle für Tom entwickelt und konnte sie, auch wenn sie es wollte, nicht so einfach abstellen.

Im Coaching arbeiteten wir an der Ursache ihres Verhaltens. Zum einen waren da noch tief liegende negative Überzeugungen, die sie seit ihrer Kindheit in sich trug, zum Beispiel: »Ich bin nicht gut genug« und »Ich bin nicht richtig, so, wie ich bin.« Diese beeinflussten sie bis in die Gegenwart unbewusst in ihrem Verhalten und spiegelten sich in ihrem Leben wider. Zudem wurden diese inneren Überzeugungen durch die Trennung von ihrem Ex-Partner und die extremen Schuldgefühle verstärkt. Schuld fühlte sich für Lisa wie eine schwere Last an, die sie immer mit sich trug. Im Coaching erkannte sie jedoch, dass sie sich selbst für diese Last entschieden hatte und dass nur sie selbst sich von dieser befreien konnte. Durch Selbstvergebung. Durch die Entscheidung für sich und das Leben. Lisa fasste den Entschluss, von nun an nicht mehr an der Schuld festzuhalten. Sie erkannte, dass ein weiteres Festhalten daran nichts ändern und stattdessen ihr Leben nur weiterhin negativ beeinflussen würde. Stattdessen entschied sie sich dafür, sich selbst zu vergeben und aus ihren Erfahrungen zu lernen. So konnte sie wieder auf Tom zugehen. Die beiden wurden wieder ein Paar und sind bis heute sehr glücklich miteinander.

Die vorangegangenen Kapitel und Übungen haben dazu gedient, dich für die große Liebe zu öffnen. Wenn du dich tiefergehend mit den Themen »Loslassen und Vergebung« beschäftigen möchtest, empfehlen wir dir Alexandras Buch »Soulfulness – aus ganzer Seele leben«.

Hast du den richtigen Partner an deiner Seite?

Wenn du gerade in einer Beziehung bist und dich fragst, ob du den richtigen Partner an deiner Seite hast, können dir die folgenden Fragen weiterhelfen:

- › Fühlst du dich von deinem Partner wertgeschätzt?
- › Kannst du bei deinem Partner du selbst sein?
- › Warum bist du mit deinem Partner zusammen? Sind die Gründe eher rational oder emotional?
- › Was macht eure Beziehung aus?
- › Was würdest du tun, wenn du keine Angst hättest?
- › Was wünschst du dir von ganzem Herzen? Kannst du dir diesen Wunsch mit deinem Partner gemeinsam erfüllen?
- › Spielst du hin und wieder mit dem Gedanken, dich zu trennen, traust dich aber nicht?
- › Hast du Angst, dich zu trennen, weil du damit andere verletzen würdest?

Erste Anzeichen dafür, dass eine Beziehung nicht gut für uns ist, sind, wenn wir uns verstellen, nicht so angenommen werden, wie wir sind. Oder wenn nur rationale Argumente für die Beziehung sprechen, aber die Liebe fehlt. Oder wenn die Beziehung zwar nach außen hin gut aussieht, sich im Inneren aber nicht mehr gut anfühlt. Deine Partnerschaft sollte dir Energie und Liebe geben und sie dir nicht entziehen.

»**Toxisch** ist eine Beziehung, wenn man nicht mehr weiß, wer man selbst ist, weil man das Gefühl hat, sich immer verbiegen zu müssen, nicht zu genügen, und sich selbst verloren hat. Wenn man keine Freude daran hat, die Beziehung zu führen, und einem im Grunde klar ist, dass man die Beziehung beenden sollte, man aber zu wenig Selbstvertrauen dazu hat und sich zu schwach fühlt.« *Bea*

Wenn ein Partner nicht zu uns passt, wissen wir das tief in uns eigentlich schon. Aber vielleicht sprechen Gründe, die für uns wichtig sind, gegen eine Trennung. Meist sind dies jedoch rationale Gründe. Zum Beispiel die Angst davor, was andere denken könnten.
Wenn du gerade vor einer Entscheidung stehst, du dich fragst, ob du in deiner alten Beziehung bleiben oder dich besser trennen solltest, oder du deinen Weg mit deinem Soulmate gehen möchtest, aber Zweifel und Ängste hast, kann dir die folgende Übung helfen.

ÜBUNG: So triffst du die richtige Entscheidung für dich

Setze dich bequem hin, und schließe deine Augen. Atme tief ein und aus. Komme in dir an.
Stelle dir nun vor, dass alles in deinem Leben so bleibt, wie es ist. Das heißt, nichts ändert sich. Du bleibst weiterhin in dieser Beziehung, in diesem Job, in dieser Wohnung/diesem Haus. Wie geht es dir dabei? Wie fühlst du dich, wenn alles so bleibt, wie es ist? Und wie geht es dir, wenn es auch in Zukunft so bleibt? Wie würde dein Leben verlaufen? In fünf oder zehn Jahren? Oder noch weiter in der Zukunft? Wie geht es dir dann körperlich? Wie geht es dir emotional und psychisch?
Du kannst nun gern kurz die Augen öffnen und deine Antworten zu den Fragen ganz intuitiv aufkommen lassen und aufschreiben. Lasse den Stift einfach über das Papier gleiten, und beschreibe deine Emotionen. Es ist wichtig, dass du dir genau vorstellst, wie du dich in Zukunft fühlst, wenn du nichts veränderst.

Und dann schließe wieder deine Augen, und komme zurück in den Moment. Und nun stelle dir vor, wie du die Entscheidung für die Veränderung triffst. Wie geht es dir damit? Spüre in dich hinein, und stelle dir vor, wie es dir in Zukunft

ergehen wird, wenn du dich für die Veränderung entscheidest. Sieht diese Zukunft anders aus als die vorherige? Was ist anders? Wie geht es dir körperlich und emotional? Wie fühlst du dich?
Lasse auch diese Antworten ganz intuitiv aufkommen, und schreibe sie auf.

Spüre in dich hinein. Was ist nun anders?
Reflektiere für dich: In welcher Version deines Lebens siehst du dich?
In welcher Version geht es dir besser?
Welchen Weg möchtest du gehen?

Zumeist ist nach dieser Übung die Entscheidung ganz klar. Was du innerlich schon wusstest, das, was deine Intuition dir schon zugeflüstert hat, wird nun noch deutlicher. So deutlich, dass du dich nicht mehr selbst belügen oder wegsehen kannst. Du darfst dich für dein Glück entscheiden! Es ist dein Geburtsrecht, glücklich zu sein. Und welcher Weg auch immer dich glücklicher macht, nur diesen solltest du gehen.

HINWEIS:

Falls dein Partner und du derzeit Probleme habt, die ihr gern gemeinsam lösen möchtet, empfehlen wir euch die Übungen zu den Themen »Konflikte« und »Kommunikation« in Kapitel 2.

SELBSTREFLEXION

Welche Kriterien waren dir bisher bei einem (neuen) Partner wichtig?

- Aussehen?
- Beruf?
- finanzieller Status?
- Interessen?
- gemeinsame Gespräche?
- Intelligenz?
- Erfolg?
- tiefe Verbundenheit?
- körperliche Anziehung?
- gemeinsame Entwicklung?

Ergänze deine eigenen Kriterien! Und betrachte sie anschließend ganz ehrlich und kritisch. Sind die Kriterien wirklich hilfreich, wenn es darum geht, deinen Seelenpartner zu finden?

Die Liebe zwischen deinem Soulmate und dir ist niemals oberflächlich, sondern bedingungslos. Es ist eine Liebe auf spiritueller Ebene. Eine Liebe, die dich und deinen Soulmate wachsen lässt. Die eure persönliche und, wenn ihr es zulasst, auch spirituelle Entwicklung vorantreibt. Das kann, wie beschrieben, zu Beginn sehr herausfordernd sein und euch triggern. Aber es ist eine Liebe, die dich und deinen Soulmate zu denen macht, die ihr wirklich seid. Ihr könnt nicht länger wegsehen und müsst an euren Triggern und Themen arbeiten. Denn diese Beziehung hat nichts mit Oberflächlichkeit zu tun, sondern sie spiegelt euch eure Stärken und Schwächen. Und sie bringt die bedingungslose Liebe in euch zum Vorschein.

»**Ich** folge immer erst meiner Intuition.« *Annika*

»**Meiner** Intuition zu folgen, ist für mich das Wichtigste. Ich kann gar nicht anders. Das macht es manchmal nicht einfach. Zum Glück lebt Tino auch nach seiner Intuition. Da schwingen wir sehr ähnlich, und die Seelenmusik umwebt unser gemeinsames Sein. Es ist einfach wunderschön, eine solche Liebe zu leben.« *Bettina*

So findest du deinen Soulmate

Viele Menschen wünschen sich, von der Liebe gefunden zu werden. Erfahrungsgemäß kann die große Liebe aber häufig erst gefunden werden, wenn wir nicht mehr danach suchen. Erst wenn wir loslassen und vertrauen, nicht alles kontrollieren wollen, können wir unser Herz wirklich öffnen. Und erst, wenn wir weniger im Kopf sind und stärker in unserem Herzen, kann uns die Liebe auch erreichen. Dann spüren wir sie, dann erkennen wir sie.

»**Den** richtigen Partner findest du, wenn du auch ohne leben kannst.« *Deborah*

»**Den** richtigen Partner findest du, wenn du gar nicht (mehr) daran denkst. Die Liebe trifft dich dann wie eine Wucht, auch wenn du vielleicht noch gar nicht auf sie vorbereitet bist.« *Annika*

»**Den** richtigen Partner findest du, wenn du dich nicht mehr fragst, ob es der richtige sein könnte.« *Louisa*

»**Den** richtigen Partner findest du, wenn du daran glaubst und dich von deinem Herz leiten lässt.« *Joaquin*

»**Die** Liebe zu suchen, klappt nie. Liebe passiert einem. So wie echte Freundschaft.« *Lara*

»**Den** richtigen Partner findest du nur, wenn du auf dein Herz hörst.« *Daniel*

»Den richtigen Partner findest du, wenn du nicht mehr nach dem Richtigen suchst, sondern jemanden findest, den du einfach lieben willst.« *Eva*

»Den richtigen Partner zu finden, bedeutet, sich nicht mehr fragen zu müssen, wie man den anderen glücklich machen kann – oder umgekehrt. Man ist der Grund, warum der andere glücklich ist – und umgekehrt.« *Kai*

»Den richtigen Partner findest du, wenn du deine Wunden geheilt und gelernt hast, dich selbst zu lieben und als den wichtigsten Menschen in deinem Leben wertzuschätzen.« *Bea*

»Den richtigen Partner findest du, wenn du offen bist und klare Vorstellungen loslassen kannst.« *Stefanie*

Doch wie können wir loslassen, wenn der Wunsch, jemanden an unserer Seite zu haben, so stark ist?

Der Schlüssel liegt in der Erfahrung und Erkenntnis,
dass die Liebe, die wir suchen, nach der wir uns sehnen, nicht allein
durch einen Partner gestillt werden kann.
Dass diese Liebe in uns erst wieder Platz braucht, für uns.
Dass wir erst unser Herz mit Selbstliebe füllen dürfen,
indem wir verstehen, dass wir so, wie wir sind, genau richtig sind,
mit allen Stärken und Schwächen. Mit allen Erfahrungen.

Du musst also den Wunsch nach dem richtigen Partner nicht loslassen, aber solltest erst dir selbst Liebe schenken. Wenn dein Herz von Gefühlen wie Liebe, Dankbarkeit und Freude erfüllt ist, sendest du genau diese Schwingungen aus. Und diese ziehen wiederum genau die gleiche Energie an, also denjenigen, der zu dir passt und mit dem du Liebe erleben darfst. Denn die Energie, die wir mit unserem Herzen aussenden, das, was wir im Herzen fühlen, hat einen maßgeblichen Einfluss auf das, was wir erleben. Das ist das Gesetz der Resonanz, das durch viele Studien der Quantenphysik bereits wissenschaftlich belegt wurde.

»**Schaffe** Platz für einen Partner in deinem Leben. Wenn du dich in deinen vier Wänden gemütlich nur für dich eingerichtet hast, wo ist dann der Platz für einen Partner? Schaffe die Voraussetzungen für einen ›gemeinsamen‹ Weg. Das ist ganz wichtig. Wenn du seit Jahren keinen Partner findest, liegt es allein an dir. Du hast dich unterbewusst dafür entschieden. Du kannst dich aber ganz neu entscheiden. Es beginnt mit einer guten Partnerschaft mit dir selbst. Liebst du dich, bist du dir eine gute Freundin, ein liebender Freund? Kannst du zu deinem Wesen stehen? Wenn nicht, fange damit an. Betrachte dich im Spiegel, und sage dir jeden Tag liebe Worte. Nur, wer sich selbst liebt, ist ein Magnet für die Liebe.« *Bettina*

Das Gesetz der Resonanz ist auch der Grund, warum wir den richtigen Partner nicht finden, wenn wir nach ihm suchen. Jedenfalls dann nicht, wenn wir während der Suche das Gefühl und die innere Überzeugung in uns tragen, ohne Partner nicht gut genug oder nicht vollständig zu sein. Meist steht er oder sie erst plötzlich vor uns, wenn wir loslassen, wenn wir so, wie wir sind, glücklich mit uns sind. Und verändert alles.

So haben unsere Paare sich kennengelernt:

»**Begegnet** sind wir uns bereits an der Uni, wir haben dieselben Fächer studiert und fanden sie beide im gleichen Maße albern. Wir haben zur selben Zeit beim WDR gejobbt, sind uns immer wieder begegnet und … jetzt müsste schon die ›Liebe auf den ersten Blick‹-Nummer kommen, aber nichts da. Wir hatten rein gar nichts miteinander zu tun. Außer, dass ich für Melanie hier und da mal im Seminar oder in der Vorlesung heimlich in der Anwesenheitsliste unterschreiben sollte, wenn sie ›mal wieder‹ durch die Welt reiste. Es ist mir bis heute unverständlich, dass ich mich nicht schon an diesem Punkt unsterblich in sie verliebt habe. Tatsächlich zusammengekommen sind wir Jahre später. Völlig unspektakulär, für mich aber nicht weniger unvergesslich.« *Kai*

»**Ich** brauchte eine Story und ein Foto für ein Spendenprojekt und besuchte dafür ein Training der Frauenfußballmannschaft meines Arbeitgebers. Vero war eine der beiden Trainerinnen.« *Lara*

»**Wir** haben uns auf einer Karnevalsparty kennengelernt. Ich wollte da eigentlich gar nicht hingehen. Zum Glück habe ich es doch gemacht.« *Inga*

»**Das** erste Mal haben wir uns vor zwölf Jahren bei einer Restauranteröffnung in Hamburg gesehen. Ich kannte Sascha natürlich, aber aus dem privaten Raum. Obwohl wir beide zeitgleich von NRW nach Hamburg gezogen waren, haben wir uns trotz ähnlichem Freundeskreis tatsächlich acht Jahre lang nicht gesehen. Der Beginn unserer Liebe hatte dann etwas sehr Schicksalhaftes: Ich stand vor dem Ende einer sehr toxischen Beziehung, Sascha war gerade single. Unsere Blicke trafen sich über viele Köpfe hinweg in der Menge, und es war, als ob mich der Blitz getroffen hätte. Leider blieb es an diesem Abend nur bei einem sehr intensiven Blickkontakt, was mein damaliger Freund mitbekommen hatte und weshalb der Abend für mich in einem Riesenstreit endete … was mir aber gar nichts ausmachte, weil ich irgendwie glücklich nach Hause ging. Vielleicht, weil ich ganz tief in mir schon wusste, dass da etwas ganz Wunderbares auf mich zukommt. Es hat dann allerdings noch anderthalb Jahre gedauert, bis wir ein Paar wurden.« *Julia*

»**Wir** arbeiteten für dasselbe Unternehmen. Frank war Vertriebsleiter einer Einheit – ich die HR-Verantwortliche. Ich hatte in dem Unternehmen gerade neu angefangen und wurde per E-Mail-Announcement meinen ›Kunden‹ vorgestellt. Frank hatte das Announcement gelesen und wurde neugierig, weil er meine Beschreibung spannend fand. Irgendwann kam es zum ersten Treffen. Ein paar Wochen später arbeiteten wir gemeinsam an einem Rechtsfall. Dabei haben wir viel Zeit miteinander verbracht und uns als Menschen besser kennengelernt. Drei Monate nach dem ersten Kennenlernen merkten wir, dass wir mehr füreinander empfinden.« *Darija*

»Ich ging auf Tino zu, reichte ihm die Hand und stellte mich vor. Seit vier Jahren war ich Sängerin in einem gemischten Chor in Graubünden, in einer kleinen, verschlafenen Gemeinde. Unser Chor suchte einen neuen Dirigenten, der sich an diesem Tag vor uns beweisen sollte. Es hieß, der Kirchenchordirigent aus einer anderen Gemeinde wolle sich für den neuen Posten vorstellen. Mal ehrlich, wie stellt man sich einen Kirchenchordirigenten vor? Schwarzer, abgetragener Anzug mit Schuppen auf den Schultern. Aber da hatte ich mich getäuscht – und zwar ziemlich.« *Bettina*

»Für damalige Verhältnisse haben wir uns wohl ziemlich klassisch kennengelernt: Sven hat mich auf einer Party angesprochen. Wir hatten schon eine Weile Blickkontakt, und nachdem er mich angesprochen hatte, haben wir den Rest des Abends gequatscht.« *Deborah*

»Wir haben uns über eine gute Freundin kennengelernt. Sie hatte sich schon gedacht, dass wir gut zusammenpassen würden, und so war es dann auch.« *Marc*

»Wir sind uns auf der Arbeit begegnet. Wir haben beide eine Ausbildung beim Radio gemacht, und kurz vor dem Ende meiner Ausbildung haben wir uns kennengelernt.« *Stefanie*

»Schon seit der Jugend kennen wir uns. Da ich sieben Jahre älter bin als meine Frau, ist sie mir erst später aufgefallen. Wir haben uns auf einer Party dann näher kennengelernt, und ich habe sie ganz klassisch nach Hause gebracht, ohne dass da mehr passiert ist. Einige Tage später habe ich sie angerufen und gefragt, ob wir uns wiedersehen können … und seit dem Tag sind wir ein Paar.« *Max*

»Wir haben uns über Freunde kennengelernt. Lange Zeit waren wir selbst einfach nur befreundet. Wir haben viel geredet. Nächtelang. Sehr tiefe und schöne Gespräche geführt. Und irgendwann habe ich gemerkt, wie sehr ich Daniel vermisse, wenn er nicht bei mir ist. Und dass ich mir ein Leben ohne ihn nicht vorstellen möchte.« *Louisa*

Wo ist die Liebe?

»Nur wenn du dich selbst liebst, kannst du auch andere wirklich lieben«, heißt es. Auch bei unseren Paaren ist diese oder eine ähnliche Aussage schon mehrfach gefallen. Gemeint ist damit, dass wir erst, wenn wir uns mit all unseren Stärken und Schwächen annehmen, erst wenn wir uns mit unseren Schattenseiten auseinandergesetzt haben, auch andere so annehmen können, wie sie sind. Andernfalls verstehen wir das Verhalten des anderen falsch, nehmen vieles persönlich und können uns nicht genügend von unserem Gegenüber abgrenzen. Spüren wir jedoch Mitgefühl und Liebe für uns selbst, können wir unterscheiden, was ursprünglich unser Thema ist und was nicht. Uns ist dann bewusst, dass der andere auch nur aus seinem Erfahrungsschatz heraus handelt, und wir erkennen, dass er Dinge nicht *unseretwegen* sagt oder tut, sondern *seinetwegen.* Wir können Mitgefühl und Liebe für den anderen empfinden, sehen seine Ängste und Schmerzen, weil wir auch unsere angesehen haben. Wir schauen tiefer als nur auf die Situation. Und das lässt unsere Liebe bedingungslos werden.

Wenn wir also mehr Liebe und Verständnis für uns selbst haben, fällt es uns leichter, andere bedingungslos zu lieben und zu verstehen.

Dramen gehören der Vergangenheit an, weil wir uns nicht mehr so schnell angegriffen fühlen.

Selbstliebe ist kein Zeichen von Egoismus oder Egozentrik. Vielmehr ist sie ein Zeichen dafür, dass du viel Liebe in dir hast. Dass du mehr bist als deine Gedanken, Rollen, als die Geschichten über dich, mehr als all die Identifikationen. In dir wohnt eine Liebe, die immer da ist. Immer da war und immer dort sein wird. Ich (Alexandra) weiß das so genau, weil ich sie schon so oft bei all meinen Klientinnen, die ich über viele Jahre gecoacht habe, gespürt und gesehen habe. Ich weiß es, weil ich sie selbst erfahren habe.

Egal, was deine Geschichte ist, egal, was du erlebt hast, welchen Status oder Job du hast, ob du gesund oder krank, arm oder reich, jung oder alt bist, du hast diese Liebe in dir. Denn sie ist das, was dich ausmacht. Sie ist das, woraus du erschaffen wurdest. Sie ist das Zuhause deiner Seele. Sie ist, was du warst, bevor du geboren wurdest, und was du sein wirst, wenn dein Körper stirbt. Sie ist das, was dich immer begleitet. Ein Leben lang – und darüber hinaus.

Aber warum haben wir uns von dieser Liebe getrennt?
Warum haben wir den Zugang zu ihr verloren?
Warum glauben wir so häufig nicht an sie?

In unserer Gesellschaft wird der Verstand hochgehalten. Wenn wir etwas nicht sehen, nicht empirisch beweisen können, ist dies für die meisten Menschen Grund genug, anzunehmen, dass es nicht da sei. In einer Welt voller Zahlen und Fakten fällt es uns deshalb häufig schwer, der Liebe den Platz einzuräumen, den sie verdient. Wir können Liebe nicht messen, noch können wir sie planen oder kontrollieren. Sie ist ein Bewusstseinszustand.

Wenn du dich je gefragt hast, wer du bist und was deine Aufgabe in dieser Welt ist, ist die Antwort genau das: Du bist Liebe! Du hast es vielleicht vergessen, weil du mehr nach außen schaust als nach innen und dich mit Dingen identifizierst, die nicht deinem inneren Wesen entsprechen. Du bist auf der Welt, um dich wieder daran zu erinnern, dass du diese Liebe, nach der du im Außen, vielleicht in einem Partner, suchst, schon in dir trägst. Und immer tragen wirst. Liebe ist dein Naturell.

Ich bin der festen Überzeugung, dass es unsere Aufgabe ist,
diese Liebe zu leben, sie zu teilen, sie zu sein.
Und das können wir in allen Arten von Beziehungen tun.
Liebe hat so viele Formen.
Liebe ist Sanftmut, Mitgefühl, Verständnis.

Liebe in einer Partnerschaft zu leben, bedeutet für viele Paare sicherlich etwas anderes. Und doch ist eines allen gemein: der Wunsch, anerkannt und so geliebt zu werden, wie man ist. Der Wunsch, sich geborgen zu fühlen und zu vertrauen. Sich fallen lassen zu können. Anzukommen.

Unsere Paare antworteten auf die Frage »Was ist Liebe für euch?« Folgendes:

»**Liebe** ist für mich unser Urzustand. Mehr als nur ein Gefühl. Leider sehen viele Menschen Liebe als einen Funktionszustand. Liebe wird bewertet und eingeschränkt durch unsere Gesellschaft. Hier wird vorgegeben, wie Liebe zu sein hat. Aber für mich ist Liebe wahre Herzensverbundenheit. Und das ist nicht nur auf eine Person beschränkt. Liebe bedeutet für mich Freiheit.« *Daniela*

»**In** meinen Ex-Beziehungen habe ich mir immer eingeredet, dass dies die große Liebe sei. Ich wollte es so unbedingt. Denn ich dachte, ich wäre erst dann angekommen, wenn ich einen Mann an meiner Seite habe. In diesen Beziehungen habe ich viel gekämpft. Es hat sich alles schwer und anstrengend angefühlt. Leider habe ich viel zu spät eingesehen, dass ich die große Liebe nicht in jemand anderem finde, sondern nur in mir selbst.« *Louisa*

»**Liebe** bedeutet für mich, sich gehalten zu fühlen. Eine Basis zu haben, aus der heraus alles entsteht.« *Bea*

»**Liebe** bedeutet für mich alles. Alles beginnt und endet mit Liebe. Und für mich ist Liebe auch der Weg, ich selbst zu werden.« *Inga*

»**Liebe** ist für mich nicht nur ein Gefühl. Sie ist ein Bewusstseinszustand. Wir *sind* Liebe, sie ist unsere Essenz. Daher müssen wir nicht nach ihr suchen. Wir finden sie nicht in einem anderen Menschen. Aber wenn wir sie in uns gefunden haben, können wir sie mit anderen teilen. So ist auch unser Seelenpartner nicht nur derjenige, mit dem wir Liebe erleben können, sondern er ist vielleicht die Person, die uns an die Liebe in uns erinnert. Derjenige, durch den wir tiefer in uns blicken und erkennen, dass wir selbst das sind, was wir gesucht haben. Derjenige, mit dem wir unserer Essenz näherkommen und immer mehr bedingungslose Liebe leben.« *Alexandra*

»**Ich** habe gelernt, dass eine Beziehung Arbeit bedeutet. Wenn du von Anfang an jemand anderen spielst oder das Gefühl hast, du selbst seist nicht genug oder nicht richtig, dann reitest du ein totes Pferd.« *Kai*

Sicherlich kennst du das Gefühl der Liebe in deinem Herzen, das du spürst, wenn du an jemanden denkst, den du sehr liebst. Vielleicht hast du bisher gedacht, dass diese andere Person die Liebe in dich hineingibt. Aber dem ist nicht so.
Die Liebe, die du spürst, wenn du an einen geliebten Menschen denkst, ist deine Liebe, die schon immer in dir ist. Sie war schon da, bevor du diese Person kanntest. Die Person hat sie nur wieder in dir aktiviert. So, als würde sich ein Schleier lüften oder als hättest du plötzlich wieder Zugang zu deiner Liebe gefunden. Diese Liebe ist deine Essenz. Du wirst lediglich durch andere an sie erinnert. Daher ist es wichtig, dass du all die Mauern einreißt, die dich von dieser, deiner Liebe trennen. Denn dann bist du wieder bereit, Liebe zu geben und zu empfangen. Dir selbst und anderen – und von dir selbst und anderen.

Die folgende Übung unterstützt dich dabei, deine Liebe zu aktivieren.

ÜBUNG: Aktiviere deine Liebe

Setze dich an einen schönen Ort. Mache es dir bequem. Schließe deine Augen. Atme tief ein und aus, und komme zur Ruhe. Richte deine Aufmerksamkeit auf dein Herz. Was spürst du? Was siehst du?
Sind da Mauern, Blockaden? Oder ist dein Herz ganz frei?
Wenn du Mauern entdeckst, erlaube dir selbst, diese nun einzureißen. Öffne dein Herz ganz weit. Versprich dir selbst, dass du dich ab heute nicht mehr von deiner Liebe trennst. Und nun denke an eine Person, die du sehr liebst, und stelle dir diese vor.
Lasse nun all deine Liebe für diese Person in deinem Herzen intensiv werden. Vielleicht hilft es dir, dir deine Liebe zu ihr als Farbe vorzustellen.
Und nun öffne dein Herz, und lasse diese Liebe zu der anderen Person fließen. Sieh, wie deine Liebe das Herz der anderen Person berührt und danach wieder zu dir zurückkommt. Ein Kreislauf der Liebe darf entstehen.
Spüre, wie dadurch die Liebe in deinem Herzen immer stärker wird. Sie ist nun nicht nur in deinem Herzen, sondern durchströmt deinen gesamten Körper. Fließt sogar um dich herum. Ihr Radius wird immer größer. Immer weiter. Genieße dieses freie, weite Gefühl. Atme tief ein und aus. Und dann öffne langsam wieder deine Augen.

Wiederhole diese Übung so oft wie möglich. Sie unterstützt dich dabei, dein Herz offen zu halten. Offen für deine Liebe. Offen für dich. Offen für neue Möglichkeiten. Offen für eine neue Liebe.

»**Den** richtigen Partner findest du, wenn du dich selbst gefunden hast.«
Bettina

Wenn du deinen Soulmate treffen möchtest, bleibe in dem Vertrauen, dass du gut genug bist, dass du wertvoll bist, so, wie du bist. Löse dich von negativen Glaubenssätzen und Überzeugungen über dich selbst, gib dich deinen Gefühlen hin, vergib, komme mit dir ins Reine. Wenn du daran intensiv weiterarbeiten möchtest, legen wir dir Alexandras Buch »Soulfulness – aus ganzer Seele leben« ans Herz. Darin findest du viele Coachingübungen zu diesem Thema.

Praxisbeispiel: Selbstliebe und Selbstbewusstsein

Ina kam ins Coaching mit dem Anliegen, selbstbewusster zu werden. Sie hatte im Alltag immer wieder Sorgen und Ängste und wünschte sich mehr Leichtigkeit und Vertrauen.

Ihre Partnerschaft stand für sie zu Beginn gar nicht im Fokus. Und doch wurde mit der Zeit deutlich, dass sich ihre fehlende Selbstliebe besonders in der Partnerschaft spiegelte. Ina war sehr eifersüchtig, bezog das Verhalten ihres Partners stark auf sich und ließ die Grenzen zwischen sich und dem Partner so sehr verwischen, dass sie das Gefühl hatte, ohne ihn komplett hilflos zu sein. Nicht ohne ihn leben zu können.

Wir arbeiteten an Inas Selbstvertrauen, gaben ihrem Inneren Kind einen sicheren Raum. Gerade die Arbeit mit dem Inneren Kind, die Verarbeitung alter Verletzungen aus der Kindheit, die Vergebung gegenüber ihren Eltern, die sie »überbehütet« hatten, war ein sehr wichtiger Aspekt, um Inas Selbstliebe zu stärken.

Sie merkte den Unterschied direkt in ihrer Beziehung. Es gab kaum noch Konflikte, sie konnte besser Grenzen setzen und ihre Bedürfnisse kommunizieren. Auch ihr Umfeld bemerkte die positive Veränderung. Ina distanzierte sich automatisch von Menschen, die ihr, wie sie selbst sagte, »nicht guttaten«. Sie rief mich nach einigen Monaten stolz an und sagte: »Alexandra, du wirst es nicht glauben, aber seit unserem Coaching gehe ich zu einem Schauspielkurs. Anfangs war es für mich eine große Überwindung, auf der Bühne zu stehen, doch gestern hatten wir unsere erste Aufführung, und was soll ich sagen: Es war großartig! Ich habe es so genossen und war zu keiner Zeit unsicher. Mein Mann saß auch im Publikum und freute sich so sehr für mich. Unsere Beziehung ist jetzt auf einem ganz anderen Level.«

Inas Beispiel zeigt wunderschön, wie viel es ausmacht, wenn wir an uns arbeiten. Unsere Schattenseite ansehen und heilen. Denn wenn wir innerlich sanfter, freier und leichter werden, wirkt sich das auch auf unser Umfeld, unsere Beziehungen, unser gesamtes Leben aus.

»**Erst** als ich mich selbst liebte, glücklich mit mir war und keine Bestätigung von Männern mehr brauchte, kam der richtige Partner in mein Leben.« *Bea*

»**Die** Liebe zu deinem Soulmate lehrt dich, bedingungslos zu lieben. Nicht nur deinen Partner, sondern auch dich selbst. Ich habe früher Selbstliebe mit Arroganz und Egoismus gleichgesetzt. Erst, als ich die Arbeit mit meinem Inneren Kind begonnen hatte, habe ich gespürt, wie sehr es sich nach meiner Liebe sehnte. Und, dass es absolut nichts Verwerfliches ist, sich selbst zu lieben und so anzunehmen, wie man ist. Sondern sogar notwendig, um sich mit sich im Reinen zu fühlen und ein glückliches Leben zu führen.« *Alexandra*

»**Selbstliebe** ist die Voraussetzung für eine reife Liebe in der Partnerschaft.« *Louisa*

»**Weibliches** Bewusstsein und Selbstliebe hängen für mich eng zusammen. Mich zu lieben, heißt für mich, mir meiner weiblichen Stärken bewusst zu sein, und dies bedeutet, das Leben in einer intuitiven Art zu führen, in Hingabe, Verbindungen zu schaffen. Es beinhaltet auch, die eigenen Bedürfnisse innerhalb des weiblichen Zyklus zu beachten.« *Inga*

Lasse deine Zweifel los

Bevor du eine neue Beziehung eingehst, ist es, wie gesagt, ratsam, dich grundsätzlich mit deinen Gedanken und Überzeugungen über Partnerschaft zu beschäftigen. Das Gleiche gilt für die Glaubenssätze, die du über dich selbst verinnerlicht hast. Wenn du immer wieder daran zweifelst, »den Richtigen« zu finden, oder denkst, du wärst »zu alt« oder »nicht gut genug«, wirst du dich für deinen Soulmate nicht öffnen können und ihn entsprechend nicht als diesen erkennen, wenn er vor dir steht. Deine Selbstzweifel aufzudecken und aufzulösen, ist daher notwendig.

Auch wenn du bereits in einer Partnerschaft lebst, ist es wichtig, weiter an dir zu arbeiten und Selbstzweifel zu lösen. Vielleicht äußern sich diese Selbstzweifel, die ihren Ursprung eigentlich bei dir haben, auch als Zweifel an deinem Partner. Manchmal haben wir blinde Flecken, auf die wir Licht scheinen lassen dürfen. Haben wir unseren Soulmate erst gefunden, ist er oft derjenige, der uns dabei insbesondere hilft.

SELBSTREFLEXION

- Welche Gefühle und Gedanken lösen andere in Konflikten häufig in dir aus?
- Welcher ist der Kerngedanke dahinter?

Wenn du beispielsweise immer wieder das Gefühl hast, dass andere dich nicht ernst nehmen, dich nicht »sehen« oder verstehen, darfst du dir anschauen, was hier wohl in der Tiefe dahintersteckt. Warum fühlst du dich von anderen nicht gesehen und gehört? Bei welchen Personen ist das so (zum Beispiel Eltern, Geschwistern, Partner, Chef, Kollegen)? Gibt es einen roten Faden, ein Muster? Welcher Gedanke wird in Konflikten immer wieder bei dir ausgelöst? Welcher Kerngedanke, welche Kernüberzeugung liegt hier zugrunde? Zum Beispiel: »Ich werde nicht gehört«, »Meine Meinung ist nicht wichtig«, »Ich bin nicht wichtig«, »Ich bin nicht gut genug.«

Wann und wodurch ist diese Kernüberzeugung entstanden?
Um dies für dich zu ergründen, nutze die folgende Meditation.

MEDITATION: Die Glaubenssätze des Inneren Kindes transformieren

Nimm dir etwas Zeit für dich. Vielleicht möchtest du dich an einen schönen Ort setzen, die Augen schließen und erst einmal in dir ankommen. Dann lade dein Inneres Kind ein. Mit dieser Einladung wird automatisch und intuitiv ein Bild deines Inneren Kindes erscheinen. Du musst dir also nicht vorher überlegen, welches Alter es haben soll. Wenn du es nicht sehen kannst, kannst du vielleicht spüren, dass es bei dir ist.

Nimm dein Inneres Kind in den Arm, so, als wärst du seine Mutter oder sein Vater. Halte es, drücke es, sage ihm, wie sehr du dich darüber freust, dass es nun bei dir ist. Sage ihm, dass es dir leidtut, dass du ihm in der Vergangenheit wenig Aufmerksamkeit geschenkt hast (wenn das der Fall ist). Und dass du nun für es da bist, ihm zuhörst und es beschützt.

Dann lasse dein Inneres Kind zu Wort kommen. Was liegt ihm auf dem Herzen? Möchte es dir etwas sagen? Welche Gefühle möchte es ausdrücken?

Höre hin, nimm alles an, und sei einfach da. Mit allen Gefühlen, die vielleicht aufkommen.

Frage dein Inneres Kind, welche negativen Glaubenssätze es damals entwickelt hat. Lasse es alle negativen Glaubenssätze aufzählen. Und frage auch nach dem Kernglaubenssatz, der bis heute in dir gespeichert ist.

Sieh dein Inneres Kind an, und sage ihm, dass diese Aussagen nicht stimmen. Dass sie nur ein Missverständnis waren und nicht wahr sind. Sage ihm, dass es, so, wie es ist, immer geliebt wird. Dass du es immer so lieben wirst, wie es ist. Bedingungslos.

Und dann frage dein Inneres Kind, ob es nun bereit ist, diese negativen Glaubenssätze und Unwahrheiten loszulassen. Wenn es das nicht ist, frage es, was es dazu noch braucht. Eine Erlaubnis? Mut? Vertrauen? Sage deinem Inneren Kind, dass alles da ist, was es braucht, um loszulassen, und dass auch du dazu bereit bist und es unterstützt.

Stelle dir vor, wie ihr diese negativen Glaubenssätze einem wunderschönen Lagerfeuer übergebt. Vielleicht gibt es ein Symbol, das sie symbolisiert, oder vielleicht sind sie auf Papier geschrieben. Wie auch immer deine negativen Glaubenssätze aussehen mögen, übergib sie dem Feuer, und sieh, wie dein Inneres Kind dasselbe tut.

Spüre die Transformation, die nun dadurch stattfindet, dass ihr beide bereit seid, loszulassen.

Dann frage dein Inneres Kind, welche positiven, unterstützenden Glaubenssätze integriert werden sollen. Was braucht es? Was bestärkt es? Was möchte es glauben? Was soll seine neue Wahrheit sein? Formuliere die neuen Glaubenssätze aus deinem Herzen heraus.
Anschließend stelle dir vor, wie du diese neuen Sätze symbolisch in der Hand hältst. Vielleicht in Form eines großen Herzens. Nun nimm dieses Symbol, und gib es deinem Inneren Kind. Sieh und spüre, wie es dieses Symbol mit den bestärkenden Wahrheiten in sich aufnimmt. Wie sich alles integriert. Und wie dein Inneres Kind voller Freude und Liebe strahlt. Während sich alles integriert, wiederhole die neuen Glaubenssätze immer wieder für dich.
Und dann umarme dein Inneres Kind, und lasse es in dir erwachsen werden. Spüre, wie ihr euch verbindet und sich diese neuen, positiven Glaubenssätze nun auch in dir integrieren. In jeder Zelle deines Körpers.
Lasse diesen Integrationsprozess so lange geschehen, bis er sich für dich komplett anfühlt. Dann öffne langsam deine Augen.

HINWEIS:

Du kannst nach dieser Meditation einen Brief an dein Inneres Kind schreiben, in dem du alles aufschreibst, was dir am Herzen liegt. Vielleicht wird es sogar zur Routine für dich, dich mit deinem Inneren Kind auf deine Weise (ob per Brief oder in der Meditation) zu verbinden und ihm Liebe zu schenken. Denn du hast alle Liebe der Welt verdient, und es ist wichtig, dass auch dein Inneres Kind dies wahrhaftig spürt. Denn hier liegt die Wurzel für deine Selbstliebe.

»**Erst** als ich mich von vielen alten Mustern befreit hatte, habe ich mir erlaubt und begonnen, mich selbst zu lieben. Das war ein längerer Prozess, der auch in der Beziehung mit Daniel noch andauerte. Ich arbeite auch heute noch konstant an mir weiter, denn wir bringen so viel aus unserer Kindheit mit in unsere Beziehung – und die Arbeit daran finde ich einfach total befreiend.«
Louisa

»Ich habe lange Zeit gedacht, ich müsste es anderen recht machen. Der Satz ›Wenn andere mich mögen, erkenne ich, ob ich liebenswert bin‹ hat mich seit meiner Kindheit unbewusst geprägt. Ich wollte ›Everybody's Darling‹ sein, um mich wertvoll zu fühlen. Doch da man es niemals allen Menschen recht machen kann, hat mein Inneres Kind gedacht, ich sei nie gut genug. Das hat sich auch auf die Wahl meiner Partner und mein Beziehungsverhalten ausgewirkt. Oftmals war ich verliebt in jemanden, der mir aber nur wenig Liebe zeigen konnte. Daher dachte ich, dies läge an mir, und versuchte, mir Liebe zu verdienen. Das hat mich sehr unglücklich gemacht. Dieses Muster und das geringe Selbstwertgefühl konnte ich erst ablegen, als ich die falschen Glaubenssätze gelöst und mit meinem Inneren Kind gearbeitet habe. Danach hat sich alles in meinem Leben positiv verändert. Selbstliebe ist für mich der Schlüssel zu einem glücklichen Leben.« *Alexandra*

»Früher fühlte ich mich oft persönlich angegriffen, wenn ich kritisiert wurde. Das lag daran, dass ich in der Vergangenheit das Gefühl hatte, nie gut genug zu sein, und Kritik immer als Ansporn nahm, besser zu werden. Heute verstehe ich Kritik nicht mehr so häufig als Appell, sondern vielmehr als Beobachtung des anderen.« *Joaquin*

»Tino spiegelt mir immer wieder meine Ungeduld. Er ruht viel mehr in sich, während ich sehr voreilig und haltlos sein kann. Aber er ist mein Ruhepol und hilft mir in meiner Erkenntnis.« *Bettina*

»Louisa bringt mich immer wieder dazu, mich selbst zu reflektieren. Sei es in meinem Verhalten den Kindern, meinen Kollegen, ihr oder mir selbst gegenüber. Louisa hat einfach schon viel an sich gearbeitet und ist daher sehr offen für diese Themen. Mir fällt es manchmal noch schwer, die Zusammenhänge mit meiner Vergangenheit zu erkennen. Obwohl ich weiß, dass ich sehr perfektionistisch und daher oft kritisch mit mir selbst und anderen bin.« *Daniel*

»Freddy spiegelt mir meine eigene Sturheit und Festgefahrenheit. Er sagt mir dann: ›Annika, bleib locker, es wird wieder besser.‹ Er schafft es, mich immer wieder aufzubauen.« *Annika*

Wie mit Sorgen und Ängsten umgehen?

Wie wir bereits festgestellt haben, gibt es häufig Herausforderungen zu meistern, wenn sich Seelenpartner treffen. Wenn du deinem Soulmate begegnest, wirst du vielleicht mit deinen tiefsten Themen konfrontiert und dich bereits zu Beginn der Beziehung deinen größten Ängsten stellen müssen. Denn wahre Seelenpartnerschaft ist auch dazu da, dass wir uns entwickeln, wachsen und Hüllen abstreifen, sodass wir immer mehr wir selbst sein können.
So erging es unseren Soulmates, wie wir in den Interviews erfahren konnten, und auch uns selbst als Paar. Dabei ist es ganz egal, wie individuell die Situation der Paare war, in der sie sich kennenlernten.
Ob die Angst davor, verletzt und enttäuscht zu werden, vor einem Verlust an Sicherheit oder davor, andere zu verletzen oder den Kontakt zu den eigenen Kindern zu verlieren: In allen Gesprächen wurde deutlich, dass es zu Beginn der jeweiligen Beziehung Herausforderungen gab, die mit tiefen Urängsten des Egos behaftet waren wie der Angst vor Wertlosigkeit, dem Alleinsein oder Kontrollverlust.

Genau darum geht es in der Begegnung mit deinem Soulmate: dich deinen tiefsten Urängsten zu stellen und über sie hinauszuwachsen. Deiner Intuition, der Stimme deiner Seele, zu vertrauen, weil sie dich zur Liebe führt. Weil sie dich auf den Weg in ein erfülltes Leben führt. Auf einen Weg, den das Ego nicht kennt.

Doch ganz gleich, wie schwierig die Situation im Außen ist, ganz gleich, wie sehr es stürmt – eure Liebe wird euch tragen. Eure Liebe und ein tiefes inneres Wissen begleiten, stützen und führen euch. Liebe wird euch immer wieder Mut schenken und euch dabei helfen, loszulassen und einfach zu vertrauen. Und das ist es auch, was wir von unseren Ängsten lernen dürfen: loslassen und vertrauen. Raus aus dem Kopf, den Sorgen und Ängsten, dem »Was wäre, wenn …« und hinein in die Hingabe an die Liebe, ans Leben, an etwas Höheres, das dich und euch als Paar leitet.

Nahezu alle Paare, mit denen wir gesprochen haben, hatten das Gefühl, sie würden von etwas nicht Rationalem geleitet – von der Liebe. Liebe lässt sich nicht erklären, analysieren oder planen. Sie passiert. Und verändert alles.

Trotzdem war es für mich (Joaquin) in meiner damaligen Situation schwer, die Angst loszulassen. Sie war in den ersten Monaten der Trennung mein ständiger Begleiter. Es kam mir vor, als wäre ich in einer endlosen Gedankenschleife gefangen, die sich mit der Frage »Was ist, wenn …« beschäftigte. Diese habe ich damals mit einem Coach an meiner Seite gelöst. Eine Methode, die ich in meiner Ausbildung bei Ulrich Dehner erlernt habe und die mir dabei sehr geholfen hat, ist die Introvision.

Die Introvision ist eine Coachingmethode, die sich mit mentaler Selbstregulation und der Auflösung innerer Konflikte, Traumen und Ängste beschäftigt. Sie basiert auf der neurophysiologischen und -psychologischen Annahme, dass in Stresssituationen bestimmte »Alarme« in unserem Gehirn (in der Amygdala) angesprochen werden, die bereits in der Steinzeit die »fight or flight«-Reaktion (Kampf-oder-Flucht-Reaktion) auslösten. Dieser »Reflex« hat sich im Laufe der Evolution zwar weiterentwickelt, hat jedoch weiterhin die gleiche Aufgabe: den Körper möglichst unmittelbar in einen Alarmzustand zu versetzen. Die chemische Reaktion, die dabei im Gehirn stattfindet, verläuft so schnell, dass wir Menschen keine Chance haben, darauf zu reagieren. Mit anderen Worten: Die Amygdala springt schneller an, als wir eingreifen können.

Doch wie ist es dann überhaupt möglich, Ängste abzubauen? Ganz einfach, indem wir dafür sorgen, dass die »inneren Alarme» gar nicht erst anspringen.

Indem wir achtsam diese »inneren Alarme« beobachten, sie bewusst wahrnehmen, nicht bewerten und einfach da sein lassen. So lange, bis unser Gehirn merkt, dass es sich bei der Situation, in der wir uns befinden, nicht um eine Gefahrensituation handelt. Wir nutzen dabei die Prämisse: Dort, wo niemand auf einen Alarm reagiert, findet auch kein Alarm mehr statt. Wenn wir also die Angst bewusst annehmen und sie nicht verdrängen oder Widerstand gegen sie aufbauen, wird es in relativ kurzer Zeit für unser Gehirn möglich, den inneren Alarm nicht mehr auszulösen. Und wir können mehr Gelassenheit entwickeln.

Wichtig ist dabei, dass man den Moment der Angst
› erlebt,
› ihn bewusst wahrnimmt,
› ihn nicht bewertet
› und ihn nicht bewusst verändert.

Seine angstbesetzten Gefühle zu beobachten, kann anfangs eine neue und unbekannte Erfahrung sein. In der Regel sind wir es gewohnt, alles, was wir erleben, denken und fühlen, zu bewerten. Doch dann nehmen wir das Gefühl mit dem Verstand wahr. Wollen wir es jedoch wirklich fühlen, müssen wir es im restlichen Körper wahrnehmen. Es dort beobachten, annehmen, da sein lassen – und das, ohne uns in Gedanken und Geschichten über das Gefühl zu verlieren. Denn genau diese Geschichten, die wir uns immer wieder ausmalen, Geschichten darüber, was sein könnte, schüren unsere Angst. Der Weg also, gut mit deinen Gefühlen umzugehen, ist, diese frei von Bewertungen anzunehmen.

Eine weitere wichtige Voraussetzung bei der Introvision ist es, zu verstehen, was genau den inneren Alarm, die Angst auslöst. Und um welche Angst es geht.

Frage dich also: »Wovor habe ich wirklich Angst?«

Oft sind unsere stärksten Ängste die, die nicht zum ersten Mal auftauchen, sondern ihren Ursprung in unserer Kindheit und Jugend haben, zum Beispiel in der Beziehung zu unseren Eltern oder unserem ersten Partner. Vielleicht wurden wir hier enttäuscht, verletzt, fühlten uns nicht gesehen, verlassen oder nicht wertgeschätzt und haben daher Bindungsängste entwickelt. Wenn du herausgefunden hast, um welche Angst es sich handelt, formuliere einen prägnanten Satz, der in dir diesen inneren Alarm besonders stark auslöst.

Dies kann ein Satz sein wie zum Beispiel:

- »Es kann sein, dass ich emotional verletzt werde.«
- »Es kann sein, dass ich für immer allein sein werde.«
- »Es kann sein, dass sich meine Familie und Freunde von mir abwenden.«
- »Es kann sein, dass ich jemanden verletze.«
- »Es kann sein, dass andere mich verurteilen.«
- »Es kann sein, dass ich mich falsch entscheide.«
- »Es kann sein, dass ich andere enttäusche.«
- »Es kann sein, dass ich verlassen werde.«
- »Es kann sein, dass ich nicht genüge.«

Es ist wichtig, dass du deinen ganz eigenen, individuellen Satz findest.
Falls dir dies schwerfällt, reflektiere noch einmal für dich:

Was ist oder war deine größte Angst?
Welcher Gedanke löst den größten Alarm in dir aus?
Was wäre das Schlimmste, was passieren kann?
Was versuchst du zu vermeiden?

Und wenn du den schlimmsten Gedanken für dich gefunden hast, bilde daraus den Satz.

In der Regel spürst du allein bei dem Gedanken an den Satz den Alarm als innere Panik. Vielleicht wird dir heiß, und dein Puls steigt. In jedem Fall gibt dir dieser Gedanke ein ungutes Gefühl, das du auch körperlich spürst. Nutze diese körperliche Reaktion für die folgende Übung.

HINWEIS:

Wenn du gern mit der Introvision an deinen Ängsten arbeiten möchtest, ist es ratsam, dich an einen zertifizierten Introvisions-Coach zu wenden. Wenn du aber schon Arbeit mit dem Inneren Kind gemacht hast und dich darin sicher fühlst, kannst du die folgende Übung auch allein für dich ausprobieren. Mehr zum Thema »Introvision« sowie einen Verweis auf geeignete Coaches findest du im Quellenverzeichnis.

WICHTIG: Die folgende Übung ist kein Ersatz für kompetenten medizinischen Rat, sondern dient der Begleitung und Anregung der Selbstheilungskräfte. Es handelt sich bei unseren Übungen nicht um Empfehlungen für die Behandlung von angstbasierten Krankheiten. Wenn du unter Panikattacken, Angstzuständen und starken Gefühlen der Angst leidest, suche dir bitte professionelle Hilfe, zum Beispiel bei einem Therapeuten.

ÜBUNG: Lasse deine Angst los!

Voraussetzung für diese Übung ist, dass du einen prägnanten Satz gefunden hast.
Bewerte deine Angst, bevor du mit der Übung beginnst: Wie hoch ist deine Angst jetzt, wenn du den Satz hörst, auf einer Skala von 1 (sehr schwach) bis 10 (sehr stark)?

Mache es dir bequem. Atme tief ein und aus.
Nun betrachte deine Umgebung, ohne deinen Kopf zu bewegen. Versuche, in diesem Zustand so viel wie möglich von deiner Umgebung aufzunehmen. Betrachte dein Umfeld dabei, ohne es zu bewerten.
Lasse deinen Blick ein paar Sekunden an einer Stelle ruhen, und suche dir dann einen Punkt, auf den du dich fokussieren möchtest. Wenn du diesen Punkt gefunden und ihn ein paar Minuten ohne innere Bewertung betrachtet hast, schließe deine Augen.
Atme mehrere Male tief durch die Nase ein, und sprich deinen Satz. Sobald Stress in dir aufkommt, lasse dieses Gefühl einfach auf dich wirken, und bewerte es nicht. Beobachte, wie die Angst hochkommt, und schätze ein, wie hoch der Alarm ist. Auf einer Skala von 1 bis 10.
Atme weiter ein und aus, und lasse das Gefühl zu. Du wirst spüren, dass der Alarm nach und nach abnimmt, bis du wieder ruhig atmen kannst und dich ausgeglichen fühlst.
Atme ruhig weiter, und sprich erneut deinen Satz laut zu dir selbst. Nimm den inneren Alarm einfach wahr, analysiere und bewerte das Gefühl nicht, stattdessen ordne dem Alarm wieder einen Wert auf der Skala von 1 bis 10 zu.
Sollte er weiterhin hoch sein (höher als 7), solltest du den Ablauf direkt noch einmal wiederholen. Wiederhole ihn so lange, bis du bei 5 oder weniger angekommen bist.
Anschließend öffne deine Augen, und nimm wieder den weiten Blick ein. Betrachte deine Umgebung auch jetzt völlig wertfrei.

Du wirst sicherlich bereits nach dem zweiten Durchgang ein Nachlassen des Alarms spüren. Wichtig ist, diese Übung in den nächsten zwei Wochen jeden Abend zu wiederholen. Achte darauf, dass du deine körperlichen Reaktionen vor und während der Übung achtsam und bewusst wahrnimmst, ohne die Angst verstehen oder analysieren zu wollen.

Das entscheidende bei dieser Übung ist, dass du lernst, mit dem inneren Alarm umzugehen, und ihn durch die direkte Ansprache sukzessive reduzierst, sodass er keine so negative Wirkung mehr auf dich hat.
Achtsamkeit und Ruhe sind für diesen Prozess sehr wichtig. Das pure Präsentsein mit der Emotion, ohne zu versuchen, sie zu vermeiden. Eine weite Wahrnehmung einzunehmen und den Satz wirken zu lassen. Die körperliche Reaktion so lange wahrzunehmen, bis sie sich aufgelöst hat. Je öfter wir dies üben, desto eher wird der innere Alarm dauerhaft gelöscht. Im Grunde nehmen wir in diesem Prozess unser Inneres Kind mit seinen tiefsten Ängsten in den Arm und gehen gemeinsam mit ihm durch sie hindurch.

TIPP:

Du kannst den ersten Durchgang auch mit deinem Smartphone aufnehmen, denn dann wird die äußere Wirkung des Satzes immer gleich sein, wenn du die Übung machst.

Wie du besser mit deinen Gefühlen, auch solchen wie Angst, Wut, Scham, Trauer und Schuld, umgehen kannst und was diese Gefühle dir sagen möchten, habe ich (Alexandra) ausführlich in meinem Buch »Soulfulness – aus ganzer Seele leben« beschrieben. Zu verstehen, dass alle meine Gefühle an sich okay sind und da sein dürfen, war eines der wichtigsten Themen für mich. Auch die unangenehmen Gefühle gilt es zu fühlen, statt sie zu verdrängen. Denn Gefühle sind im Grunde Energie, die durch deinen Körper fließen möchte. Lässt du dies nicht zu, indem du das Gefühl verdrängst, wird der Energiefluss gestoppt. Die Energie kann nicht abfließen, sie verbleibt im Körper. Und so können auf Dauer emotionale Blockaden entstehen. Deshalb ist es so heilsam, alle Gefühle anzunehmen. Und du wirst merken, dass, Gefühle anzunehmen, dir auch den Weg ebnet, sie loszulassen und nicht weiter mit dir herumzutragen.

Wovon gehst du aus: Worst oder Best Case?

Die Sache mit unseren Gefühlen ist die: Sie werden maßgeblich von unseren Gedanken gesteuert. Denke ich immer wieder daran, was alles Schlimmes geschehen könnte, habe ich Angst und fühle mich gestresst. Denke ich hingegen daran, was alles Schönes passieren könnte, bin ich voller Vorfreude. Uns dies immer wieder bewusst zu machen, ist sehr wichtig. Denn oft sind wir in unserem Alltag so sehr im Verstand verhaftet und wie fremdgesteuert von unserem Kopf, dass wir diesen wesentlichen Zusammenhang nicht beachten. Aber die Wahrheit ist: Du bist deinen Gedanken nicht hilflos ausgeliefert. Du kannst sie verändern.
Die folgende Übung soll dich dazu ermutigen, einfach einmal vom Besten auszugehen.

Denn wie heißt es so schön:
Wir müssen mit allem rechnen,
sogar mit dem Schönsten.

Wenn du deine Gedanken bewusst auf das Beste ausrichtest, verändern sich automatisch deine Gefühle und auch dein körperliches Wohlbefinden. Dabei geht es nicht darum, Gefühle zu verdrängen. Wie du schon weißt, haben alle Gefühle ihre Berechtigung. Sie sind an sich neutral, erst wir geben ihnen eine Bewertung. In der Übung geht es vielmehr darum, deine Gedanken auf das Positive auszurichten.

ÜBUNG: Dein Best-Case-Szenario

Setze dich an einen schönen Platz. Vielleicht an einem Ort in der Natur. Schließe deine Augen. Atme tief ein und aus.
Nun stelle dir das Beste vor, was passieren kann. Stelle es dir bildlich vor, und fühle, wie es ist, wenn die Situation eingetroffen ist. Vielleicht möchtest du dir vorstellen, wie du mit deinem Soulmate zusammen bist und ihr eine glückliche Beziehung führt.
Wie fühlst du dich? Wie sieht dein Leben aus?
Und wenn dies nun eingetroffen ist, was ist dann das Beste, was passieren kann? Gehe auch in diese Situation hinein. Wie fühlst du dich? Wie geht es dir? Spüre in deinen Körper.
Anschließend gehe noch weiter, und stelle dir vor, was anschließend das Beste ist, was geschehen kann. Male es dir in den schönsten Farben aus. Fühle es. Sei mittendrin. Verweile in dieser Situation, solange du möchtest, und genieße das wunderschöne Gefühl.
Und wenn du so weit bist, öffne langsam deine Augen.

Je öfter du diese Übung machst, desto stärker signalisierst du deinem Unterbewusstsein, dass diese Realität die richtige für dich ist. Du ziehst deine Best-Case-Szenarien also magisch an. Und vielleicht auch deinen Soulmate …

»**Deinen** Soulmate triffst du, wenn du nicht mehr nach ihm suchst, sondern glücklich bist mit dem, was ist. Voller Dankbarkeit für und Zuversicht in dein Leben. Denn dann sendest du eine Energie aus, die wie ein Magnet noch mehr Geschenke in dein Leben zieht.« *Alexandra*

Praxisbeispiel: Angst vor dem Alleinsein

Als Vanessa zu mir (Alexandra) ins Coaching kam, war sie single und unglücklich. Sie war von Selbstzweifeln geplagt und hatte Angst davor, allein zu sein. In ihren Ex-Beziehungen war sie häufiger betrogen worden und hatte daher große Probleme, überhaupt wieder vertrauen zu fassen. Im Coaching äußerte sie einen Satz, der ihr Thema sehr gut beschrieb: »Ich glaube, ich werde allein sterben.« Sie hatte auch mehrere Begründungen für sich gefunden, warum das so sein würde.
Wir arbeiteten an ihrer tief sitzenden Angst vor dem Alleinsein, die wiederum von der Angst herrührte, wertlos für einen Partner an ihrer Seite zu sein. Im Coaching ging sie durch diese Angst hindurch, nahm sie an. So konnte sich der innere Alarm langsam einstellen. Darauf aufbauend, arbeiteten wir mit ihrem Inneren Kind, wodurch sie nach und nach mehr Selbstvertrauen und Selbstliebe aufbauen konnte. Nun war es für Vanessa auch viel einfacher, sich eine positive Zukunft vorzustellen. Sie hatte immer mehr liebevolle, unterstützende Gedanken sich selbst gegenüber. Die Übung zum Best-Case-Szenario wurde eine ihrer liebsten. Sie wandte sie oft an.
Ein halbes Jahr nach unserem Coaching erreichten mich die folgenden Zeilen: »Liebe Alexandra, ich habe es dir ja schon öfter gesagt, aber nun noch mal: Danke von ganzem Herzen für deine Unterstützung. Durch die Arbeit mit dir hat sich mein Leben komplett zum Positiven verändert. Ich habe keine Angst mehr vor der Zukunft, vielmehr freue ich mich auf sie. Weil ich weiß, dass ich nur das Allerbeste verdient habe. Das ist ein komplett neues Lebensgefühl für mich. Du bist mein Engel, der mir dieses Gefühl ermöglicht hat. Ich bin mir sicher, dass ich bald den richtigen Partner an meiner Seite habe. Aber nicht, weil ich ihn brauche, um glücklich zu sein. Das bin ich schon jetzt.«
Heute ist Vanessa mit Lukas zusammen, sie sind verheiratet und haben ein Kind.

Bist du bereit für deinen Soulmate?

Zum Abschluss dieses Kapitels lasse das Gelesene und Geübte noch einmal wirken und Revue passieren, und beantworte die folgenden Fragen ganz intuitiv:

SELBSTREFLEXION

- Fühlst du dich bereit für deinen Soulmate?
- Was brauchst du, um dich für die Liebe zu öffnen? Arbeit mit deinem Inneren Kind? Vergebung? Selbstliebe?
- Was brauchst du noch, um dich wirklich auf die Liebe einzulassen? Deine Erlaubnis? Den Glauben daran, dass du es verdient hast, deinen Soulmate zu treffen?

Wir haben dies schon mehrfach angesprochen, aber es ist so immens wichtig: Öffne dein Herz, und finde die Liebe in dir. Dann kann sie sich auch im Außen manifestieren. Die folgende Meditation hilft dir dabei.

MEDITATION: Öffne dich für deinen Soulmate

Setze dich an einen Ort, an dem du dich besonders wohlfühlst. Schließe deine Augen. Konzentriere dich ganz auf deinen Atem, und komme zur Ruhe. Atme tief ein und aus. Dann gehe mit der Aufmerksamkeit in deinen Körper. Wie geht es dir? Bist du eher angespannt oder entspannt? Wenn es Stellen gibt, die sich blockiert anfühlen, atme bewusst tief in diese hinein.

Nun lenke deine Aufmerksamkeit auf dein Herz. Wie fühlt es sich an? Ist es eher offen oder verschlossen? Spürst oder siehst du irgendwelche Mauern? Wenn ja, triff nun die Entscheidung, diese einzureißen, sodass dein Herz ganz viel Raum bekommt.

Es ist deine Entscheidung, wie du leben möchtest. Ob du dich für die Liebe öffnen möchtest. Ob du bereit bist, dich hinzugeben und darauf zu vertrauen, dass du deinen Soulmate triffst.

Wenn du bereit bist, dich zu öffnen, sprich deinen Wunsch laut aus. Sage: »Ich bin bereit, mein Herz zu öffnen. Ich bin bereit, Liebe zu geben und zu empfangen. Ich bin bereit, Liebe zu leben.« Wähle gern deine eigenen Worte, wenn du das möchtest. Wichtig ist, dass du die Worte, die du wählst, wirklich ernst meinst und spürst.

Beobachte, wie dein Körper reagiert. Dein Körper ist der Sitz deiner Emotionen. Wenn du spürst, dass es sich irgendwo in dir zusammenzieht oder sich eine Körperstelle anspannt, frage dich, was du brauchst, um dein Herz zu öffnen. Vielleicht ist es deine eigene Erlaubnis. Vielleicht möchte das Gefühl, das blockiert ist, angenommen und liebevoll umarmt werden. Was auch immer es ist, sei mitfühlend mit dir selbst. Behandle dich, als wärst du selbst deine große Liebe. Schenke dir Liebe.

Lasse allen inneren Widerstand los. Erlaube dir, dich ganz für dein Glück zu öffnen. Erlaube dir, endlich das Leben zu leben, das für dich bestimmt ist. Ein Leben mit deinem Soulmate an deiner Seite. Ein Leben in Harmonie mit dir selbst.

Und dann stelle dir dich selbst etwa ein Jahr in der Zukunft vor. Visualisiere, wie glücklich und sanft du nun mit dir selbst und wie selbstbewusst du bist, nachdem du so viel losgelassen und verarbeitet hast. Jetzt, wo du dein Herz wirklich geöffnet hast. Spüre in dich hinein: Wie fühlst du dich in diesem Moment? Wie geht es dir?

Und nun visualisiere deinen Soulmate an deiner Seite. Stelle dir vor, wie ihr euren Weg gemeinsam geht. Spüre die Liebe, die euch verbindet. Wie fühlst du dich? Wie fühlt sich dein Körper an? Was sagt ihr einander?

Sieh eure Herzen, sie sind miteinander verbunden. Und da ist so viel Liebe zwischen euch. Eine endlose, bedingungslose Liebe verbindet euch. Fühle dieses wunderschöne Gefühl ganz intensiv. Und noch stärker. Lasse dieses Gefühl dich ganz ausfüllen. Und auch den Raum um dich herum. Spüre die Dankbarkeit und Liebe, die dich umgeben. Die Dankbarkeit dir selbst gegenüber. Dafür, dass du diesen Weg gegangen bist, an die Liebe geglaubt und dich für sie geöffnet hast. Bleibe noch etwas hier, und genieße den Moment.
Und wenn du so weit bist, öffne langsam deine Augen.

Wiederhole diese Meditation so oft wie möglich. Denn je öfter du diese Situation mit deinem Soulmate fühlst, desto realer ist sie für dein Unterbewusstsein. Und da dein Unterbewusstsein 90–95 % deiner Gedanken, Gefühle, Handlungen und somit deiner Realität bestimmt, wird es dich dabei unterstützen, genau diese Situation zu manifestieren.

Eine weitere Möglichkeit ist, deinen Wunsch jeden Tag aufzuschreiben. Und zwar so, als sei er schon erfüllt, zum Beispiel, indem du dich dafür bedankst, dass du deinem Soulmate begegnet bist. Indem du dich dafür bedankst, dass euch eine tiefe, bedingungslose Liebe verbindet und ihr eine glückliche Beziehung lebt. Fühle in dem Moment des Aufschreibens die Freude darüber. Denn Vorfreude und Dankbarkeit unterstützen diesen Prozess zusätzlich.

TIPP:

Wiederhole in nächster Zeit mehrmals am Tag folgendes Mantra für dich, um dich noch stärker für deinen Soulmate zu öffnen:
»Ich schenke. Ich lasse los. Ich empfange.«
Du kannst dies in Gedanken tun oder die Worte aussprechen. Wichtig ist, dass du das Mantra mindestens dreimal hintereinander wiederholst.

WICHTIG: Du musst nicht frei von allen Ängsten und Zweifeln und deine persönliche Entwicklung muss nicht abgeschlossen sein, damit du deinen Soulmate findest. Im Gegenteil: Gerade dein Soulmate wird dir dabei helfen, alte Wunden zu heilen. Dennoch kann es sehr hilfreich sein, »bewusst« in die Beziehung mit ihm zu gehen, um nicht Gefahr zu laufen, in alte, überholte Muster zu verfallen. Stattdessen solltest du dir deiner Bedürfnisse und deines Wertes bewusst sein, denn dann schwingst du in einer viel höheren Energie. Dann bist du bereit für die Partnerschaft mit deinem Soulmate.

BEA UND MIKE

Als ich (Alexandra) mit Bea über ihre Beziehung zu Mike sprach, sprühten ihre Augen vor Liebe und Freude. Sie hat in ihm den Partner gefunden, der sie so akzeptiert, liebt und sein lässt, wie sie ist. Zuvor war Bea in einer toxischen Beziehung mit einem Mann gewesen, mit dem sie zwei gemeinsame Kinder hat. Sie konnte sich lange Zeit nicht trennen, zu groß waren die Ängste und inneren Kritiker. Erst als Bea an ihrem Selbstwertgefühl gearbeitet hatte, alte Glaubenssätze über sich, die Ehe und Liebe transformiert hatte, war sie bereit, für sich selbst einzustehen. Erst als sie diese alten Wunden geheilt hatte, war sie in der Lage, ihre innere Stärke wahrzunehmen und zu leben. Heute weiß sie, dass es eine wertschätzende, gleichberechtigte Partnerschaft auf Augenhöhe gibt, in der man sich unterstützt und respektiert. In der man gemeinsam träumt und Lebenswünsche verwirklicht. Ihre Erfahrungen aus ihrer ersten Ehe nutzt Bea heute als Coach, um Frauen zu helfen, die in ähnlichen Situationen sind. Denn »man ist nie allein und kann sich immer Unterstützung holen«, sagt sie.

Kapitel 2:

Liebe halten

Im ersten Kapitel haben wir uns damit beschäftigt, was du brauchst, um die Liebe in dir zu finden. Und was, um diese Liebe zu teilen und dich für deinen Soulmate zu öffnen.
Im zweiten Kapitel geht es nun darum, wie du diese Liebe auch halten, wachsen lassen und eine glückliche Beziehung mit deinem Soulmate führen kannst.

Wie lebt man eine glückliche Beziehung mit dem richtigen Partner?
Was kann man tun, um dauerhaft glücklich zu sein?

Darauf gehen wir im Folgenden ein.

»**Glück** in der Liebe haben bedeutet, zu mir selbst gefunden zu haben und mein Leben mit einem wunderbaren Menschen teilen zu dürfen.« *Bettina*

Was braucht eine glückliche Beziehung?

Unsere Soulmates haben auf diese Frage folgende Antworten gegeben:

»**Eine** glückliche Beziehung braucht ein gutes Gleichgewicht: Es sollten Vertrauen und Überraschung da sein, Lachen und Weinen, Nähe und Distanz.« *Deborah*

»**Ganzheitliche** Gesundheit und Genuss stehen bei mir in einer Partnerschaft an erster Stelle. Eine Beziehung ist für mich nur glücklich, wenn beide Partner gesund sein können und mit sich selbst, ihren Herzensthemen und Bedürfnissen im Einklang sind. Wenn sich niemand wegen der Beziehung einschränken muss, denn oft gehen Kompromisse zulasten der physischen oder psychischen Gesundheit. Demgegenüber braucht eine erfüllte Beziehung für mich Wahrhaftigkeit. Das heißt eine offene Kommunikation, in der man sich mitteilt und einander zuhört. Das bedeutet auch gemeinsame Erlebnisse, reisen, tanzen. Das Leben gemeinsam genießen, Glücksmomente teilen. Miteinander und aneinander wachsen, sich gegenseitig unterstützen bei der persönlichen Entwicklung, gelebte Sexualität und vor allem Eigenverantwortung.« *Daniela*

»**Einander** wirklich mit offenem Herzen zuhören, ohne etwas sagen zu wollen. Interesse am anderen haben. Gemeinsamkeiten finden. Und vor allem den anderen so sein lassen, wie er ist.« *Bea*

»**Gemeinsame** Themen, Interessen – und vor allem, zusammen lachen können. Eine gemeinsame Sicht auf die Dinge.« *Stefanie*

»**Eine** glückliche Beziehung bedeutet für mich Nähe, Kommunikation, Sex, Leidenschaft, Abenteuer, aber auch viele ruhige Momente, in denen man zusammen einfach nur *ist.*« *Lara*

»**Für** mich bedeutet eine glückliche Beziehung, dass ich zwischendurch immer wieder glücklich bin. Und erfüllt ist eine Beziehung, in der ganz viele verschiedene Aspekte ihren Raum haben. Nicht nur die Dinge, die toll sind. Man lebt das Leben gemeinsam mit allem, was dazugehört.« *Inga*

»**Eine** Beziehung ist für mich glücklich und erfüllt, wenn sich die Partner auf Augenhöhe befinden und sich gemeinsam entwickeln. Neben der Bewunderung füreinander gehören auch Geborgenheit, Beständigkeit und, die Dinge gemeinsam anzugehen, dazu.« *Max*

»**Daniel** und ich sind uns sehr ähnlich. Ich dachte früher immer, dass Gegensätze sich anziehen, aber in unserem Fall stimmt das nicht.« *Louisa*

»**Louisa** ist meine beste Freundin. Das habe ich in früheren Partnerschaften so nie erlebt. Daher glaube ich, dass für eine wirklich langfristige Beziehung Freundschaft sehr wichtig ist.« *Daniel*

»**Für** eine glückliche Beziehung braucht es für mich den ganz normalen Beipackzettel: Treue, Ehrlichkeit und so. Aber Leidenschaft ist auch ein ganz wichtiger Teil.« *Kai*

»**Eine** glückliche Beziehung haben heißt für mich, eine Partnerschaft auf Augenhöhe zu führen, die auf emotionaler, intellektueller und seelischer Ebene ihren Einklang findet. In der es um die Beziehung selbst geht und nicht darum, wie man sie nach außen hin darstellen kann oder muss. Dies setzt voraus, dass man sich auf allen Ebenen öffnet und gemeinsam wachsen kann.« *Joaquin*

»**Für** uns bedeutet eine glückliche Beziehung, dass für beide der Raum da ist, zu sein, wie man ist. Dass man sich auf Augenhöhe im anderen erkennt. Empathie füreinander zu haben und zu wissen, wann man sich selbst zurücknehmen sollte, weil der andere gerade Raum braucht. Dies sollte untereinander fließend funktionieren. Es bedeutet, dass man sich gegenseitig nicht schwächt, sondern stärkt. Gegenseitiges Vertrauen und Ehrlichkeit miteinander. Miteinander von Herzen lachen zu können. Und den anderen auch noch nach 15 Jahren anziehend zu finden.« *Simon*

»**Eine** glückliche und erfüllte Beziehung bedeutet für mich, den anderen wirklich zu sehen und ihn in seiner Authentizität und seinem Potenzial zu unterstützen. Sich gegenseitig dabei zu fördern, das wahre Selbst zu erkennen und zu leben. Also die Aufgabe, die man in diesem Leben hat, zu erfüllen.« *Alexandra*

»**Für** mich ist es wichtig, dass beide ehrlich zueinander sind. Ich will mich so zeigen können, wie ich bin – mit allen Ecken und Kanten. Tino hat mich immer in allem, was ich gemacht habe, unterstützt. Sei es, als ich Gedichte schrieb, auf meinem Weg als Tierkommunikatorin, als Medium oder als Sängerin. Er lobt immer mein Schaffen, und dies beflügelt mich. Auch ich schenke ihm meine Bewunderung für seine Interessen: seine Ausbildungen zum Stimmgabeltherapeuten, Hypnosetherapeuten, Mayalehrer und sein ganzes musikalisches Erschaffen zusammen mit mir. Wir lieben es, zusammen etwas zu kreieren. Wir gehen einen gemeinsamen Weg, auf dem wir uns gegenseitig beflügeln, und die Begeisterung für unser Schaffen lässt uns immer weitere kreative Werke in die Welt bringen. Hier teile ich noch ein großes Geheimnis, aus dem sich unsere Beziehung nährt: Immer nur loben, keine Kritik – auch keine konstruktive Kritik. Nur Lob, das ist schön.« *Bettina*

Sicherlich ist es individuell, was für eine glückliche Beziehung wichtig ist. Und doch gibt es Bedürfnisse und Werte, die vielen glücklichen Partnerschaften gemein sind. Um für dich selbst einzuordnen, was für dich in einer Beziehung entscheidend ist, um glücklich zu sein, mache die folgende Übung.

SELBSTREFLEXION

Nachdem du nun gelesen hast, was eine glückliche Beziehung für andere bedeutet, ist es wichtig, dir darüber bewusst zu werden, was sie für dich ausmacht. Nimm dir Zeit – allein oder gern auch zusammen mit deinem Partner –, und reflektiere.
Nimm Papier und Stift, und notiere deine Gedanken zu den folgenden Fragen:

› Wann ist eine Beziehung für dich eine glückliche?
› Welche Werte sind für dich wichtig, und welche hast du vielleicht nur aus Filmen, Büchern oder von anderen übernommen?

Wenn du mit deinem Partner gemeinsam reflektiert hast, sprecht über eure Gedanken. Was sind Gemeinsamkeiten? Wo gibt es Unterschiede? Was bedeutet das für eure Beziehung, und wie könnt ihr eure gemeinsamen Werte mehr leben? Überprüfe immer wieder für dich, ob du selbst deine Werte und das, was dir wichtig ist, in deiner Beziehung lebst. Denn Partnerschaft besteht aus Geben und Nehmen. Beginne bei dir selbst: Lebe das, was du dir von deinem Partner wünschst, und dein Partner wird es dir zurückgeben.

»Vertrauen, Ehrlichkeit und Verantwortung sind für mich in der Beziehung wichtig.« *Inga*

»Meine Beziehung mit Mike ist davon geprägt, dass wir uns partnerschaftlich unterstützen. Das bedeutet für mich, den anderen in seinen Stärken zu sehen und so sein zu lassen, wie er ist. Ihn nicht verändern zu wollen. Wir finden immer eine Lösung für alle Herausforderungen – die haben wir natürlich als Patchworkfamilie. Aber wir ziehen an einem Strang und arbeiten gemeinsam an einer Lösung.« *Bea*

In den Interviews wurden immer wieder Werte wie *Vertrauen, Offenheit, eine gute Kommunikation* und *Empathie im Umgang miteinander* genannt, wenn es darum ging, was eine glückliche Partnerschaft ausmacht. Eine gute, offene Kommunikation verhindert, dass es zu viele Konflikte in der Beziehung gibt. Und doch sind es gerade die Konflikte mit dem Partner, die uns einiges lehren. An denen wir wachsen und uns entwickeln können. Darauf gehen wir im Folgenden ein.

»Mir ist es wichtig, als Mensch akzeptiert zu werden. Gegenseitige Akzeptanz und Toleranz sind die Basis, aber nicht gleichbedeutend mit Kritiklosigkeit. Ich finde es ungeheuer wichtig, eine ehrliche Meinung von meinem Partner zu bekommen und dass wir beide auch Dinge ansprechen, die uns stören oder die wir uns anders wünschen. Dabei sollte man sich immer auf Augenhöhe begegnen.« *Deborah*

So meistert ihr Heraus-forderungen

»Mit den uns nahen Personen können wir meist die stärksten Konflikte austragen. Weil sie uns so viel spiegeln und dadurch helfen, zu wachsen.«
Alexandra

Wir haben bereits darüber gesprochen, dass wir in unserem Partner oftmals jemanden haben, der uns spiegelt. Er zeigt uns die Seiten, die wir nicht mögen. Die wir meist an uns selbst verneinen und nicht sehen möchten. Vielleicht denken wir sogar, wir hätten diese Eigenschaft gar nicht. Oftmals bringt uns bei anderen aber genau das auf die Palme, was wir uns selbst nicht erlauben.

Manchmal ist es schwer, etwas am anderen zu akzeptieren und zu tolerieren, was uns verärgert, verunsichert oder traurig macht. Wir können uns dann fragen:

› Was genau macht mich traurig, wütend oder unsicher?
› Welche Gefühle löst das Verhalten meines Partners bei mir aus?
› Und wann habe ich mich schon einmal so gefühlt?
› Woran erinnert es mich?

Wie bereits in den vorherigen Abschnitten und Übungen besprochen, können wir durch Selbstreflexion unsere Triggerpunkte erkennen und mit den zugrunde liegenden Glaubenssätzen arbeiten, blockierte Gefühle lösen und uns und/oder dem anderen vergeben. Denn durch Vergebung entsteht Heilung, weil Vergebung uns zurück in unser Herz bringt. Zurück zu unserer Liebe. Zurück zu dem, was wir wirklich sind.

»**Konflikte** sind eine Möglichkeit, an den Herausforderungen zu wachsen.« *Bea*

»**Wenn** sie fair ausgetragen werden, sind Konflikte konstruktiv.« *Deborah*

»**Ich** lerne mit meiner Partnerin, dass man sich nach einem Streit vertragen und es trotz Krisen auch positiv weitergehen kann. Konflikte sind da, um gelöst zu werden. Sie sind wie ein Gewitter, das die Luft reinigt.« *Frank*

»**Konflikte** sind Lehrstunden: Ich lerne in der Partnerschaft, zu wachsen.« *Bettina*

»**Mein** Geheimrezept ist, mich zu fragen: ›Woher aus meiner Vergangenheit kenne ich diese Situation? Dieses Gefühl?‹ Wenn ich dieses Gefühl aus meiner Vergangenheit zulasse, es löse, abfließen lasse, ist das, was vom Konflikt übrig bleibt, oft sehr gut lösbar.« *Inga*

»**Konflikte** sind wichtig und immer in Ruhe zu bestreiten.« *Annika*

Der Partner, der uns triggert, ist nicht das eigentliche Problem. Vielmehr macht er uns auf die Ursache unseres Problems aufmerksam, wenn wir es zulassen.

Und wir dürfen hier auch nicht vergessen: Der andere handelt aus seinen eigenen Erfahrungen, Glaubenssätzen und Verletzungen heraus. Er verhält sich seinetwegen, wie er es tut. Nicht unseretwegen. Er ist nicht verantwortlich für unsere Gefühle.

Im Grunde entstehen Konflikte immer nur dann, wenn zwei Egos miteinander kommunizieren. Sprechen wir jedoch von Herz zu Herz, von Seele zu Seele miteinander, erreichen wir eine ganz andere Ebene. Voraussetzung dafür ist allerdings, dass wir uns unserer Egomuster bewusst sind.

SELBSTREFLEXION

- Was triggert dich in deiner Partnerschaft immer wieder?
- Warum triggert es dich? Hast du dich in der Vergangenheit schon einmal so gefühlt? Wenn ja, wann?
- Welches unerfüllte Bedürfnis liegt dahinter?
- Welches Gefühl versuchst du zu vermeiden?

»**Mich** macht es wahnsinnig, wenn ich spüre, dass meinen Mann etwas stört, er es aber nicht ausspricht. Wir werden aber immer besser.« *Stefanie*

Der Schlüssel ist, das Gefühl,
das das Verhalten unseres Partners in uns auslöst,
nicht mehr zu vermeiden, sondern anzunehmen.

Das Gefühl zu akzeptieren und zu erkennen, dass es nur ein Gefühl ist, das gefühlt werden möchte, nur Energie, die fließen möchte. Dazu dürfen wir die Geschichten hinter diesem Gefühl entlarven, die wir uns immer wieder erzählen. Wir dürfen näher hinsehen und erkennen, dass wir mehr sind als diese Geschichten, Gedanken und Gefühle. Und vor allem, dass sie höchstwahrscheinlich nichts mit der derzeitigen Partnerschaft zu tun haben.

Manchmal machen wir also unseren Partner für Gefühle in uns verantwortlich, mit denen er gar nichts zu tun hat. Nur, weil unser Ego die alten Geschichten und Dramen wiederholen möchte.
Aber wir können das stoppen, indem wir Bewusstheit erlangen. Bewusstheit über unser eigenes Verhalten, unsere Bedürfnisse und Erwartungen. Über uns selbst. **Denn im Grunde kann ein anderer immer nur das in uns triggern, was schon da ist.**

»Bei jedem Konflikt sind wir auch immer bereit für Versöhnung. Ein Streit ist bei uns immer ganz schnell wieder aufgelöst. Wir suchen dann den gemeinsamen Nenner. Jeder darf seinen Standpunkt darlegen. Ich weiß, ich kann ganz schön hartnäckig sein, wenn ich etwas will. Ich schätze aber auch, dass Tino seine Meinung dazu hat, und bis jetzt haben wir immer den goldenen Mittelweg gefunden. Tino kommt jedes Mal schnell wieder auf mich zu und nimmt mich in den Arm, und so kann ich nicht länger schmollen. Aber auch ich gehe auf ihn zu, wenn ich merke, dass ich eine Grenze überschritten habe.« *Bettina*

»Wir können uns beide sehr gut zurücknehmen und fünfe einfach mal gerade sein lassen. Weil wir im Laufe der Jahre gemerkt haben, dass nicht alles immer perfekt sein kann. Unser tiefer Grundgedanke ist, dass es gut ist, für immer zusammenzubleiben. Und auch, wenn es mal schwierig war, hat uns dieser Grundgedanke getragen.« *Eva*

»Frauen definieren sich oft über das Denken und versuchen darüber, mit dem Partner in Verbindung zu gehen. Wohingegen Männer sich eher über den Körper definieren und sich auf dieser Ebene verbinden wollen. Daher kann es zu Missverständnissen kommen.« *Inga*

»Manchmal ist es gar nicht so einfach, mit Konflikten umzugehen. Ich bin eher die Rednerin und nicht konfliktscheu. Schnell gehe ich in die Luft, und danach ist alles wieder vergessen. Mein Mann braucht sehr lange, bis er etwas anspricht, und kann nachtragend sein. Im Laufe der Jahre haben wir aber eine ganz gute Kommunikation entwickelt. Ich glaube, es ist wichtig, eine Streitkultur zu etablieren. Egal, wie sie aussieht. Hauptsache, man ist fair und bleibt auf Augenhöhe.« *Stefanie*

Was uns (Alexandra und Joaquin) in Bezug auf Konflikte und Kommunikation zu einem besseren Verständnis verholfen hat, ist ein Modell, das die innere Kommunikation mit uns selbst und die äußere Kommunikation mit anderen ganz einfach veranschaulicht: die Transaktionsanalyse nach Eric Berne. Dieses Modell besagt, dass unser Denken, Fühlen und Handeln durch drei verschiedene **»Ich-Zustände«** geprägt ist: das **»Eltern-Ich«**, das **»Erwachsenen-Ich«** und das **»Kind-Ich«**.

In diese drei »Ich-Zustände« fallen wir unbewusst immer wieder – im Umgang mit anderen und auch mit uns selbst. Mit dem Wissen um sie lässt sich unser Verhalten wunderschön und einfach erklären und vor allem besser verstehen.

In Situationen, in denen du so denkst, fühlst und handelst, wie du es als Kind getan hast, bist du demnach im **»Kind-Ich«.** Das sind Erlebnisse, die dein Inneres Kind triggern. Zum Beispiel, wenn du total frei und lustig bist, voller Freude und Fantasie, aber auch, wenn du rebellisch und wütend oder sehr angepasst und schüchtern bist. Im »Kind-Ich« nehmen wir alle Gefühle sehr stark wahr. Je nachdem, wie wir erzogen wurden und welche Veranlagung wir mitbringen, haben wir eine besonders starke Ausprägung des kindlichen Verhaltens und reagieren in Stresssituationen entweder sehr rebellisch, sehr angepasst oder ganz frei.

Dein **freies »Kind-Ich«** zeigt sich, wenn du das tust, was dir gerade Spaß macht, du übermütig, spontan und lustig bist.
Dein **angepasstes »Kind-Ich«** zeigt sich, wenn du dich an Regeln hältst, es anderen recht machst und einfach »brav« bist.
Dein **rebellisches »Kind-Ich«** hingegen wehrt sich und bäumt sich gegen das, was gesagt oder getan wurde, auf. Es fühlt sich angegriffen, vielleicht unterlegen und lässt nichts auf sich sitzen.

In Stresssituationen und Konflikten verfallen wir manchmal in diese gewohnten Muster aus der Kindheit. Uns darüber bewusst zu werden, kann sehr hilfreich sein, um Konflikte in der Partnerschaft zu lösen.
Ich (Alexandra) war in Stresssituationen häufig im angepassten »Kind-Ich«, Joaquin eher im rebellischen. Als mir das bewusst wurde, konnte ich sein

Verhalten viel besser verstehen und entsprechend anders reagieren. Ich konnte mich zudem bewusst entscheiden, nicht in die angepasste Rolle zu gehen, sondern neutral zu bleiben.
Es ist sehr spannend, hier tiefer zu blicken und zu schauen, was uns als Kind beeinflusst hat, wie wir als Kind gedacht, gefühlt und uns verhalten haben. Denn wie gesagt, kann dieses Verhalten im Erwachsenenalter in gewissen Situationen wieder zum Vorschein kommen. Und das nicht nur in der Kommunikation mit anderen, sondern auch im eigenen inneren Dialog.
Unsere Muster aus der Kindheit sagen also auch viel darüber aus, wie wir mit uns selbst umgehen, wie sehr wir auf unsere eigenen Bedürfnisse achten und wie mitfühlend wir wirklich mit uns selbst sein können. Bei einem stark ausgeprägten angepassten »Kind-Ich« kann es zum Beispiel sein, dass man in der Regel einen sehr kritischen inneren Dialog führt.

SELBSTREFLEXION

- Wie verhältst du dich in Stresssituationen? Eher angepasst, rebellisch oder frei?
- Wie hast du dich als Kind häufig verhalten?
- Wie führst du innere Dialoge in der Regel?
- Wie verhält sich dein Partner in Stresssituationen? Eher angepasst, rebellisch oder frei?

Werfen wir zudem einen Blick auf das »Erwachsenen-Ich« und das »Eltern-Ich«.

Im **»Erwachsenen-Ich«** sehen wir die Welt eher rational. In diesem »Ich-Zustand« gibt es keine unterschiedlichen Ausprägungen. Wir handeln und sprechen grundsätzlich sachlich und neutral, sind eher im Verstand verhaftet. Auf dieser Ebene können Diskussionen und Gespräche respektvoll und sachlich-konstruktiv, also ohne große Dramen, stattfinden. Wir finden sachliche Lösungen und lassen uns nicht aus der Ruhe bringen. In einem Konflikt ist es also immer ratsam, aus dem »Erwachsenen-Ich« heraus zu kommunizieren, weil wir dann nicht andere angreifen oder ungerecht werden, sondern objektiv bleiben und den anderen gleichwertig behandeln.

SELBSTREFLEXION

- In welchen Situationen gelingt es dir, neutral zu bleiben?
- In welchen Situationen kommuniziert dein Partner und du im »Erwachsenen-Ich«?

Im **»Eltern-Ich«** leben wir das, was unsere Eltern uns vorgelebt haben: Wir sind fürsorglich, lobend und fühlen uns verantwortlich oder streng und dominant. Je nachdem, wie wir erzogen wurden und was uns vorgelebt wurde. Grundsätzlich lässt sich jedoch sagen, dass »Kind-Ich« und »Eltern-Ich« im äußeren und inneren Dialog oft gegensätzlich ausgeprägt sind. Haben wir zum Beispiel ein sehr angepasstes »Kind-Ich« in der Kommunikation mit anderen und im Verhalten nach außen, leben wir höchstwahrscheinlich ein eher kontrollierendes »Eltern-Ich« nach innen. Das heißt, wir sind mit uns selbst im inneren Dialog eher streng, in etwa so, wie unsere Eltern oft mit uns geredet haben. Auch wenn wir beispielsweise nicht gern Kontrolle abgeben und versuchen, alles im Griff zu haben, ist unser **kontrollierendes »Eltern-Ich«** wahrscheinlich stark ausgeprägt. Vielleicht besteht unbewusst die Angst, uns und andere schützen zu müssen. Wenn wir uns sehr viel um andere sorgen und kümmern, ist unser **fürsorgliches »Eltern-Ich«** aktiv. In diesem Zustand möchten wir, dass es anderen gut geht, trösten, loben, schenken Mut. Oftmals verstärken sich unsere »Eltern-Ich«-Anteile, wenn wir selbst Kinder haben.

SELBSTREFLEXION

- Was haben deine Eltern dir vorgelebt? Waren sie eher kontrollierend oder fürsorglich?
- Wann ist dein kontrollierendes »Eltern-Ich« aktiv? In welchen Situationen bist du eher streng mit anderen?
- Wann ist dein fürsorgliches »Eltern-Ich« aktiv? In welchen Situationen kümmerst und sorgst du dich viel um andere?
- Wie ist das bei deinem Partner?
- Wie zeigt sich das »Eltern-Ich« im Umgang miteinander?
- Welcher »Ich-Zustand« dominiert den inneren Dialog mit dir selbst?

Das Spannende ist: Wir alle tragen alle beschriebenen »Ich-Zustände« (»Kind-Ich«, »Erwachsenen-Ich« und »Eltern-Ich«) in uns, aber sie sind bei jedem von uns unterschiedlich stark ausgeprägt. Welche Bereiche stärker oder schwächer sind, hängt mit unserem Inneren Kind, unseren Glaubenssätzen und Erfahrungen zusammen.

Wir (Alexandra und Joaquin) finden es sehr hilfreich, sich selbst und den Partner zu beobachten und gemeinsam zu besprechen, wann wer in welchen »Ich-Zustand« verfällt und was dann geschieht. Dies kann die Kommunikation auf eine neue Ebene heben und auch in der Konfliktbewältigung hilfreich sein.

SELBSTREFLEXION ALS PAAR

- Welche »Kind-Ich«-Zustände sind bei jedem von euch häufiger aktiv: das freie, das angepasste oder das rebellische »Kind-Ich«? Woran, glaubt ihr, liegt das? Und in welchen Situationen merkt ihr das?
- Welche »Eltern-Ich«-Zustände sind bei euch häufiger aktiv: das fürsorgliche oder das kontrollierende »Eltern-Ich«? Woran, glaubt ihr, liegt das? Und in welchen Situationen merkt ihr das?
- Wann seid ihr im »Erwachsenen-Ich«? Was geschieht dann?
- Was sagen eure »Ich-Zustände« über euer Kommunikations- und Konfliktverhalten aus? Wie beeinflussen sie die Konflikte in eurer Partnerschaft?

HINWEIS:

Die Theorie der Transaktionsanalyse ist sehr umfangreich. Wir haben hier nur einen kurzen zusammenfassenden Überblick der Theorie zum Thema »Konflikte in der Partnerschaft« geschaffen. Wenn du dich tiefgehender mit der Theorie der Transaktionsanalyse nach Eric Berne beschäftigen möchtest, findest du Beispiele für geeignete Literatur im Quellenverzeichnis.

Praxisbeispiel:
Wie die »Ich-Zustände« das Konfliktverhalten prägen

Als Anna zu mir (Alexandra) ins Coaching kam, hatte sie das Anliegen, sich besser durchsetzen zu können. Immer wieder, sowohl beruflich als auch privat, hatte sie das Gefühl, von anderen übergangen zu werden. Es fiel ihr sehr schwer, ihre Bedürfnisse wahrzunehmen und zu kommunizieren. Vor allem gegenüber ihrer Chefin gelang es ihr absolut nicht.
Als ich Anna im Coaching die »Ich-Zustände« näher erläuterte, konnte sie für sich direkt einordnen, dass sie in Stress- und Konfliktsituationen oft in die Rolle des »angepassten Kind-Ichs« verfiel, während ihre Chefin in diesen Situationen im »kontrollierenden Eltern-Ich« mit ihr sprach. Die Konflikte liefen immer nach dem gleichen Schema ab. Aus einem sachlichen Gespräch über eine Aufgabe wurde ein Konflikt, der Anna sich »klein und unbedeutend« fühlen ließ. »Nie werde ich gehört«, sagte sie mir.
Wir erörterten im Coaching, dass Annas Verhaltensmuster und die dazugehörigen Glaubenssätze über Wertlosigkeit ihre Wurzeln in der Kindheit hatten. Die Situation mit ihrer Chefin erinnerte Anna an Konflikte mit ihrer Oma, die auch oft im kontrollierenden »Eltern-Ich« mit ihr gesprochen hatte. Zudem war Anna von ihren Eltern und Großeltern immer wieder dazu angehalten worden, ein »braves Kind« zu sein und sich anzupassen.
Anna erlebte nun mit ihrer Chefin eine andere, aber ähnliche Situation, die sie unbewusst in die Situation ihrer Kindheit versetzte und die dazugehörigen Gedanken, Gefühle und letztlich das kindliche Verhalten auslöste. Bevor Anna diese alten Wunden nicht heilte, würde sie in ihrem Leben immer wieder dazu angehalten, indem sie ähnliche Situationen wieder und wieder erlebte.

Wir übten im Coaching, dass Anna in diesen Konfliktsituationen im »Erwachsenen-Ich« bleibt und die Situation rational und sachlich betrachtet, statt sich angegriffen zu fühlen. Das gelang ihr sehr gut, nachdem wir die tief sitzenden Trigger gelöst hatten.
Anna erzählte mir, dass sich durch die Veränderung in ihrem Verhalten – nämlich auf ihre Chefin nicht mehr mit dem angepassten »Kind-Ich«, sondern mit dem »Erwachsenen-Ich« zu reagieren – die gesamte Konfliktsituation veränderte. Anna stieg bewusst aus diesem Konflikt aus. Und diese Verhaltensweise war so überraschend für ihre Chefin, dass auch sie ihre gewohnte Rolle immer öfter verließ, da sie keine entsprechende Resonanz mehr spürte.

»Ich neige manchmal dazu, mich zurückzuziehen, wenn ich mich angegriffen fühle. Zum Glück spricht Sven das dann meist schnell an und holt mich aus dem Schmollen heraus. Ich denke, Kommunikation ist der Schlüssel. Bisher gab es keinen Konflikt, den wir nicht auf diese Weise hätten so lösen können, dass am Ende keiner von uns mit Bauchschmerzen aus der Situation geht.« *Deborah*

Wie Konflikte und Dramen entstehen

»**Konflikte** sind nie schön, jedoch manchmal klärend. Sie sind oftmals nur das Ergebnis mangelnder oder unzureichender Kommunikation.« *Joaquin*

Im letzten Abschnitt haben wir das eigene Konfliktverhalten näher betrachtet. Wir haben den Bezug zu unseren Erfahrungen her- und festgestellt, wie sehr uns unsere Eltern und unsere Kindheit auch heute noch in Stresssituationen prägen.

Wir möchten nun die Konflikte und das Konfliktverhalten in der Partnerschaft noch näher beleuchten. Denn durch sie lernt ihr. Wenn ihr es schafft, eure Auseinandersetzung konstruktiv zu lösen und euren eigenen Anteil an ihr zu erkennen, stärkt ihr langfristig eure Partnerschaft. Konflikte können euch helfen, zu wachsen, wenn ihr es zulasst.

Wenn Streits nach einem bestimmten Muster und anhand bestimmter Rollen ablaufen, nennt man sie psychologische Spiele (nach der Transakationsanalyse von Eric Berne). Es sind Konflikte, die sich gern wiederholen.

Aber: Psychologische Spiele laufen unbewusst ab und haben einen manipulativen Charakter.

Nicht jeder Konflikt ist ein psychologisches Spiel. Trotzdem ist es sehr hilfreich, zu erkennen, wann man in ein psychologisches Spiel verwickelt wird, sich gerade mittendrin befindet oder gar selbst eines beginnt.

Ein psychologisches Spiel beinhaltet immer drei Rollen: den **Angreifer,** das **Opfer** und den **Retter.** Diese drei Rollen können sich während des Konflikts auch abwechseln.

Den **Angreifer** kennzeichnet, dass er den anderen persönlich angreift, indem er beschuldigt, kritisiert und zu Verallgemeinerungen wie »immer«, »nie«, »keiner«, »alle« neigt. Wichtig dabei ist: Der Angreifer kritisiert die Situation nicht konstruktiv, sondern er wertet das Gegenüber ab und nimmt dabei eine aggressive Haltung ein. Dabei nutzt er auch Sarkasmus, Ironie und Übertreibung. *Der Angreifer denkt, dass er nur durch aggressives Auftreten sein Ziel erreicht.*

Das **Opfer** hingegen macht sich selbst klein, ist unfähig und hilflos. Es äußert nicht direkt seinen Wunsch oder sein Bedürfnis, sondern jammert und klagt. Unbewusst manipuliert es den anderen, damit es Hilfe, Unterstützung, Anerkennung oder eine Bestätigung der eigenen inneren Überzeugungen erhält. *Das Opfer versinkt oft im Selbstmitleid und denkt: »Immer ich.«*

Der **Retter** eilt dem Opfer sofort zur Hilfe. Aber nicht, weil er dies will, sondern, weil er es muss. Er fühlt sich innerlich verpflichtet, zu helfen, auch wenn die Situation dies nicht erfordert oder es nicht gewollt ist. Somit verstärkt der Retter das Opfer unbewusst nur in dessen Hilflosigkeit und bestätigt dessen Bedürftigkeit, statt es zu ermutigen, sein Problem selbst zu lösen. *Der Retter denkt: »Der andere braucht mich, ich muss eine Lösung finden.« Er rettet nicht aus Nächstenliebe, sondern, um seinen eigenen Wert zu bestätigen.*

Allen Rollen gemein ist: Wir nehmen sie *unbewusst* ein. Vielleicht haben wir die eine oder andere Lieblingsrolle in Konflikten, sicherlich haben wir aber jede schon einmal gespielt. Auch innerhalb eines Konflikts nehmen wir meist nicht nur eine Rolle ein, sondern wechseln unbewusst je nach Situation.

So kann es sein, dass ein Angreifer merkt, dass er sein Opfer mit seiner Bemerkung nicht trifft, weil es sich nicht angegriffen fühlt und neutral reagiert. Dann wechselt er vielleicht selbst in die Opferrolle und versucht auf diese Weise, eine Reaktion hervorzurufen. Oder aus einem Retter wird ein Angreifer, weil er sich nicht genug gewürdigt sieht für seine Unterstützung des Opfers.

Da die Rollen während eines Konflikts also immer wieder wechseln können, nannte Eric Berne diese auch das **»Drama-Dreieck«.** Denn durch die Einnahme der Rollen können harmlose Konflikte sehr leicht im Drama enden. Dabei braucht es, wie gesagt, nicht immer drei Personen für die einzelnen Rollen, sondern auch zwei Personen können diese Rollen abwechselnd einnehmen.

SELBSTREFLEXION

- Welche Rolle nimmst du typischerweise in Konflikten ein: die des Angreifers, die des Opfers oder die des Retters?
- Welches Rollenmuster habt ihr als Paar oder Familie?
  Wer nimmt welche Rollen ein?
- Wie wechseln die Rollen während des Konflikts?
- Welche Konsequenzen hat das Spielen der Rollen für den Konflikt?
- Welche Rollen und »Dramen« kennst du aus deiner Kindheit?
- Welche Rollen nahmen deine Eltern oftmals in Konflikten ein?
  Und welche nahmst du selbst ein?
- Welche Auswirkungen hat dieses erlernte Konfliktverhalten auf dein Leben heute?
- Wiederholen sich Muster?

Sich bei Konflikten anzusehen, wer welche Rolle einnimmt, ist eine sehr gute Möglichkeit, uns über die unbewussten Muster in unseren Beziehungen bewusst zu werden und diese zu verändern. Dazu gehört auch, zu reflektieren, ob man bestimmte Verhaltensweisen und Muster unbemerkt übernommen hat. Denn gerade in unserer Kindheit speichern wir grundlegende Überzeugungen über das Leben ab, die uns auch als Erwachsene beeinflussen.
Welche Rolle wir in Konflikten ein- und auch im »Drama« annehmen, hat mit unseren inneren Themen und Mustern zu tun.

Ein Muster könnte zum Beispiel sein, dass einer der Partner in gewissen Situationen immer in die Angreiferrolle geht, während der andere in die Opferrolle verfällt, im Verlauf des Konflikts aber ebenfalls in die Angreiferrolle geht und dann immer wieder hin- und herwechselt. Hier wäre interessant zu fragen: Was sind die Auslöser für das Verhalten? Wann wechselt wer die Rolle? Was bewirkt das?

Ist uns erst einmal bewusst, was das Muster des Konflikts ist, können wir dieses auch verändern. Denn dann haben wir die Wahl, ob wir wirklich als Angreifer, Opfer oder Retter in einem Konflikt agieren wollen. Und wir können die aufkommende Konfliktsituation in eine positive Richtung lenken. Übertragen auf die »Ich-Zustände« im letzten Abschnitt bedeutet das: Wir entscheiden uns dann für das »Erwachsenen-Ich« und gegen das »Kind-« oder Eltern-Ich«.

SELBSTREFLEXION

- Welche Muster zeigen sich in euren Konflikten?
- Was ist die tiefere Ursache dieses Konflikts? Welches unerfüllte Bedürfnis steckt vielleicht dahinter?

Wichtig ist stets, den eigenen Anteil am Konflikt zu erkennen, sodass zukünftig kein Drama (mehr) entstehen muss. Zudem ist es ganz einfach möglich, aus dem Drama-Dreieck auszusteigen: indem man die angebotene Rolle nicht annimmt und das Spiel bewusst verneint.

Dabei hilft es vor allem:

- Spitzen des anderen zu ignorieren.
- sich bewusst zu machen, dass sein Verhalten nichts mit einem selbst zu tun hat.
- das dahinterliegende Bedürfnis und Interesse des Partners zu klären.
- sich so rücksichtsvoll wie möglich zu verhalten.
- Empathie zu zeigen.
- die eigenen Bedürfnisse klar zu kommunizieren.

»**Manchmal** gibt es hohe Wellen der Emotionen. Wenn sich diese gelegt haben, können wir sehr gut über das eigentliche Thema sprechen und sind immer auf eine Lösung aus, mit der wir beide leben können.
Gehe immer davon aus, dass der Mensch, der dich liebt, dir nichts Böses möchte! Glaube dran, dass es eine gemeinsame Lösung gibt. Man muss viel reden, sodass der eigene Standpunkt wirklich klar wird. Oft ist er nach dem ersten Gespräch und vielleicht auch im Rausch der Emotionen für den anderen nicht deutlich.«
Darija und Frank

»**Es** fällt mir oft schwer, auf meine eigenen Bedürfnisse zu achten, neben den Kindern, dem Beruf und allen anderen Themen. Das klappt aber immer besser.« *Eva*

»**Konflikte** sind wichtig für die Entwicklung. Aber eines ist uns sehr wichtig: Nie im Streit schlafen gehen.« *Stefanie*

»**Mir** ist wichtig, möglichst vorwurfsfrei zu kommunizieren. Leider gelingt mir das nicht immer.« *Deborah*

Praxisbeispiel: Konfliktmuster lösen

Als Sophia und Michael ins Coaching kamen, waren sie fünf Jahre verheiratet. Sie hatten sich aber bereits zehn Jahre zuvor kennengelernt. Ihr Wunsch war es, endlich einen konstruktiveren Umgang mit Konflikten zu entwickeln, sagten sie.

Im Coaching stellten wir fest, dass ihre Konflikte sehr häufig in »Dramen« endeten. Als ich (Alexandra) den beiden das Drama-Dreieck erklärte, erkannten sie ihre Rollen sofort. Sophia war oftmals der Angreifer, Michael das Opfer. Und während des Konflikts konnte es geschehen, dass Sophia in die Rolle des Opfers verfiel und Michael die des Retters übernahm. Dieses Spiel war ein typisches und wiederkehrendes Muster in ihrer Partnerschaft. Im Coaching erörterten wir die Hintergründe ihres Rollenverhaltens und erarbeiteten Lösungsansätze, damit sie aus dem Spiel aussteigen konnten.

Einige Monate später rief Sophia mich glücklich an und sagte: »Ich wollte mich noch einmal bei dir bedanken, Alexandra. Seit unserem Coaching hat sich so vieles zum Positiven verändert. Die Zeit der ›Dramen‹ ist endgültig vorbei. Wir können viel besser miteinander reden und finden gemeinsam Lösungen. Das gibt uns viel mehr Nähe und Sicherheit in der Beziehung.«

Typische Konflikte in der Partnerschaft und wie du mit ihnen umgehst

»**Konflikte** sind in der Beziehung genauso wichtig wie Humor.« *Simon*

In fast jeder Partnerschaft werden also unbewusst psychologische Spiele gespielt. Denn sehr oft geht es darum, das innere Gleichgewicht von Liebe und Zuneigung herzustellen oder zu erhalten. Also um ein Geben und Empfangen von Liebe. Gegenseitige Wertschätzung bildet ein wesentliches Element für ein Gleichgewicht. Doch manchmal kann dieses Gleichgewicht aus verschiedenen Gründen ins Wanken geraten. Ein psychologisches Spiel ist dann der unbewusste Versuch des Paares, es wiederherzustellen.

Sind sich die Partner jedoch der tiefer liegenden Thematik bewusst, dann brauchen die Paare keine Spiele, sondern es genügt ein aufrichtiges, ehrliches, wertschätzendes Gespräch über die jeweiligen Bedürfnisse. Ein Gespräch auf Seelenebene. Ein Gespräch mit viel Empathie und wenig Ego. Daher lohnt es sich, auf das eigene Konfliktverhalten zu schauen, mögliche Spiele aufzudecken, unseren eigenen Anteil zu erkennen und dann bewusst aus den Spielen auszusteigen.

Macht euch immer wieder bewusst:
Zu einem psychologischen Spiel
gehören mindesten zwei Personen.

Auch, wenn einer der Partner vielleicht immer wieder mit einem Spiel beginnt, so bedarf es doch auch der anderen Seite, die entsprechend reagiert und ins Spiel einsteigt.

Ursachen für psychologische Spiele können tiefer liegende Ängste sein, zum Beispiel die Angst vor Nähe oder vor Bedeutungslosigkeit. Aber auch alle unbewussten seelischen und emotionalen Blockaden. Also die Trigger, von denen wir in diesem Buch schon mehrfach gesprochen haben. Erneut wird deutlich, wie wichtig es ist, an den eigenen Blockaden, negativen Glaubenssätzen und mit dem Inneren Kind zu arbeiten, um mit sich selbst und dann auch mit anderen im Einklang zu sein. Denn je mehr alten Ballast wir ablegen, je mehr Trigger wir heilen, desto besser können wir uns für die bedingungslose Liebe öffnen und sie mit unserem Partner teilen.

Um diesen Bewusstwerdungsprozess zu unterstützen, möchten wir hier einige typische Beispiele für psychologische Spiele in der Partnerschaft nennen. Es gibt sicherlich noch viele weitere. Auch sind Themen individuell. Wir haben uns hier inhaltlich am Buch »Schluss mit diesen Spielchen« von Renate und Ulrich Dehner orientiert und mit den Erkenntnissen aus unseren Interviews ergänzt.

Ich habe recht!

Bei diesem Spiel geht es um einen unbewussten Machtkampf. Wer ist dominanter, wer gibt nach? Um der Ursache für dieses Spiel auf den Grund zu gehen, kann das Paar sich fragen, warum es jedem so wichtig ist, recht zu haben. Sicherlich wird bei genauerer Betrachtung ein tiefer liegendes Problem erkannt, zum Beispiel die Angst des Egos vor Wertlosigkeit und unbewusste Glaubenssätze wie »Erst, wenn ich alles weiß, bin ich wertvoll« oder »Ich muss anderen zeigen, wie klug ich bin, damit sie sehen, dass ich wertvoll bin«.

Ich liebe dich nur, wenn …

Auch dieses Spiel gründet auf einem unbewussten Machtkampf. Vielleicht möchte der eine Partner den anderen zu einem bestimmten Verhalten bewegen, spricht seine Bedürfnisse jedoch nicht offen aus, sondern versucht, durch dieses Spiel Dominanz zu zeigen und auf diese Weise seine Wünsche vom anderen erfüllt zu bekommen. Darunter kann auch das Spiel »Erst, wenn du dich änderst, liebe ich dich« fallen.
Die tiefer liegende Ursache für dieses Spiel ist ebenfalls die Angst vor Wertlosigkeit, das Gefühl von Kontrollverlust bzw. der Wunsch, Kontrolle auszuüben. Vielleicht wurde man selbst als Kind nicht so akzeptiert, wie man war, oder hat das Gefühl, unzulänglich und nicht liebenswert zu sein. Diese Gefühle werden dann auf den Partner projiziert.

Wenn du mich liebtest, dann würdest du …

Dieses Spiel ähnelt dem zuvor genannten. Es beruht auf der Annahme, dass Liebe damit zu tun hat, die Bedürfnisse, Wünsche und Gedanken des anderen zu »lesen«. Auch wenn die Partner eng verbunden sind, die gleichen Interessen haben und oft dasselbe denken und fühlen, heißt es nicht, dass ein Partner immer weiß, was der andere braucht. Manchmal sind wir uns nicht einmal selbst darüber bewusst, welche Bedürfnisse hinter unseren Aussagen oder Handlungen liegen. Daher ist der erste Schritt, sich der eigenen Bedürfnisse bewusst zu werden, diese offen zu kommunizieren und auch dem Partner mit Mitgefühl und Verständnis gegenüberzutreten.

Eifersucht-Spiele

Hinter Eifersucht steckt die Angst, nicht zu genügen. Die Angst, dass der andere jemand anderen bevorzugen könnte, jemand anderen mehr lieben könnte als einen selbst. Im Grunde also die Angst oder das Gefühl, wertlos oder nicht liebenswert zu sein. Wenn ich mich selbst nicht liebenswert finde, gehe ich davon aus, dass auch mein Partner mich nicht wirklich lieben kann.
Diese Eifersucht kann sich in psychologischen Spielen auf verschiedene Art und Weise äußern. Zum Beispiel dadurch, dass das Paar sich immer mehr aus dem Umfeld zurückzieht und nur Zeit zu zweit verbringt, um sich so vor der Eifersucht zu retten. Diese Art des Zusammenlebens bringt aber viele neue Probleme mit sich und kann die Eifersucht sogar verstärken, wenn der eifersüchtige Partner annimmt, er würde absichtlich von Kollegen und Freunden des Partners ferngehalten und dass es demnach einen berechtigten Grund für seine Eifersucht gibt.
Es kann aber auch sein, dass ein Partner aus Rücksicht auf den eifersüchtigen Partner bestimmte Begegnungen verschweigt, um ihn nicht zu beunruhigen. Jedoch kann diese Strategie genau das Gegenteil bewirken: Der eifersüchtige Partner spürt, dass etwas verheimlicht wird, und das macht ihn nur noch eifersüchtiger.
Eine weitere Variante des Eifersucht-Spiels ist es, den Partner bewusst eifersüchtig zu machen, um seine Aufmerksamkeit zu erlangen.
Wichtig in allen Fällen ist das offene, mitfühlende Gespräch von Herz zu Herz, in dem beide Partner ihre Ängste und Gedanken mitteilen. Und natürlich, an sich selbst und dem Selbstwertgefühl zu arbeiten, sodass derartige Eifersucht-Spiele gar nicht mehr nötig sind.

Du bist schuld!

In diesem Spiel geht es um Schuldzuweisungen und Kritik, die nicht konstruktiv geäußert wird. Der Partner, der die Schuldzuweisungen an den anderen richtet, ist in der Rolle des Angreifers, auch wenn er sich als Opfer ausgibt. Dieses Spiel ist der stille Hilfeschrei nach Aufmerksamkeit und Verständnis. Der Partner, der Schuldzuweisungen austeilt, spricht wahrscheinlich mindestens ebenso kritisch mit sich selbst. Auch hier liegt der Wunsch zugrunde, die Situation kontrollieren zu können, sowie das Gefühl der Hilflosigkeit. Die Beziehung bzw. der Partner wird unbewusst dafür genutzt, sich machtvoller zu fühlen.

Auch in diesem Fall darf am Selbstwertgefühl gearbeitet werden. Und an offener, klarer und wertschätzender Kommunikation – mit sich selbst und anderen.

SELBSTREFLEXION

› Kommen euch die genannten Spiele bekannt vor?
› Welche davon spielt ihr häufiger?

Wenn ihr diese Spiele beenden möchtet, könnt ihr Folgendes tun:

› die »angebotene Rolle« nicht annehmen,
› euch ganz anders als sonst verhalten und den anderen damit überraschen,
› das Spiel aufdecken, indem ihr es ansprecht (ohne Schuldzuweisungen),
› eure eigenen Beweggründe verstehen und euch auch in euren Partner hineinversetzen.

Sicherlich gibt es noch viel mehr ganz individuelle Möglichkeiten, aus diesen Spielen auszusteigen. Finde deine ganz persönliche Art und Weise. Und arbeite an deinen Triggern. Denn wenn du diese gelöst hast, wirst du höchstwahrscheinlich gar nicht mehr in psychologische Spiele verwickelt.

Wie du noch besser mit Konflikten umgehen und mit deinem Partner darüber sprechen kannst, erfährst du auch im Abschnitt »Kommunikation in der Beziehung« (S. 140).

»**Es** geht in einer Partnerschaft nicht darum, jemanden zu verändern, sondern darum, den Menschen zu lieben, in den du dich verliebt hast.« *Darija*

Praxisbeispiel: Erwartungen und Spiele in der Beziehung

Ina und Sven waren seit fünf Jahren ein Paar. Sie waren recht unterschiedlich, ergänzten sich dadurch in vielen Dingen aber auch sehr gut. Mittlerweile hatten beide bestimmte Aufgaben in ihrer Partnerschaft übernommen. Ina kümmerte sich besonders gern darum, dass es Sven und auch anderen gut ging. Sie umsorgte ihn, pflegte für beide Kontakte zu Freunden und Familie und lud Gäste ein. Sven hingegen kümmerte sich um alle praktischen Angelegenheiten im Haushalt, um Reparaturen, die Urlaubsplanung etc.

Die beiden liebten sich und waren glücklich miteinander, und doch hatte Ina immer wieder das Gefühl, dass ihr etwas in der Beziehung fehlte. Sie sagte, sie fühlte sich nicht wirklich gesehen, wünschte sich mehr Romantik und Aufmerksamkeit. Aus Svens Sicht war die Beziehung so, wie sie war, okay.

Beide hatten unterschiedliche Erwartungen an ihre Partnerschaft. Ina wollte Dankbarkeit und das Gefühl, wertvoll zu sein. Sie hoffte unbewusst, diese von Sven zu erhalten, indem sie sich besonders um ihn kümmerte und ihm genau das gab, was sie sich selbst wünschte. Sven aber wusste nichts von diesen Erwartungen. Für ihn bedeutete Wertschätzung etwas anderes bzw. äußerte er sie auf andere Art und Weise. Zum Beispiel, indem er sich darum kümmerte, »dass alles lief«.

Sie dachten beide, sie täten dies füreinander. Doch ihnen war nicht bewusst, dass sie aus ihrem eigenen Ego heraus agierten. Ina, um sich wertvoll zu fühlen, und Sven, um das Gefühl zu haben, »alles kontrollieren/im Griff haben« zu können.

Ihre Bedürfnisse waren ihnen zudem nicht bewusst und daher auch nicht untereinander kommuniziert. Dies wäre jedoch grundlegend wichtig gewesen, um den Konflikt zu lösen.

So verfielen sie in psychologische Spiele wie »Wenn du mich wirklich liebtest, dann …« oder »Ich habe recht!«.

»**Was** ich lernen durfte, ist, dass das direkte Feedback hilft. Denn wenn wir die Dinge in uns hineinfressen, knallt es später umso stärker. Was uns sehr guttut, ist, wenn wir im Streit bei uns bleiben und dem anderen erklären, was die Situation in dem Moment mit uns selbst macht. Dann sind wir zumeist schon auf einem guten Weg.« *Max*

»**Einen** positiven Umgang mit Konflikten habe ich erst von meiner Frau gelernt. Konflikte zogen sich in meinen Beziehungen bis dahin durch das Zusammenleben wie eine Grippe. Mindestens ein bis zwei Tage, aber eher länger. Man versuchte, es auszuschwitzen, sich mit Hustensaft oder anderem vollzupumpen, und das, obwohl man wusste, dass es nur die Symptome bekämpfte. Und am Ende hoffte man einfach nur, dass man so schnell nicht wieder krank würde. Heute weiß ich, dass Streit nur ein Symptom und der eigene Stolz der Erreger ist, der ansteckend ist und krank macht. Meine Frau zeigt mir jedes Mal aufs Neue einen Ausweg aus der Beleidigt-sein-Spirale, in die ich mich früher so gern hineinbegeben habe. Sie tut es, indem sie einfach nicht nachtragend ist. Wenn es ein Problem gibt, sprechen wir immer darüber. Allerdings sind die alltäglichen Konfliktchen meist die, bei denen wir sowieso irgendwann nicht mehr wissen, worum es eigentlich geht. Und wenn doch, merken wir spätestens beim Lautaussprechen des Problems, dass sich doch nur gerade wieder der Stolz in unser Immunsystem gehackt hat. Wenn dem so ist, sollte man sich lieber anlächeln als anschweigen.« *Kai*

»**Ruhe** und Verständnis finde ich in der Kommunikation sehr wichtig. Wir sind sehr miteinander gewachsen und können jetzt mehr bei uns bleiben. Den anderen ausreden lassen. Das Wort ›Aber‹ ist in unserer Kommunikation verboten.« *Annika*

»**Ich** lerne jeden Tag von Tino, wir philosophieren zusammen, entdecken neue Formen und lernen Wege gemeinsam kennen. Wir lieben es, jeden Tag zusammen zu sein, und genügen uns selbst. Wir könnten allein auf einer einsamen Insel sein und wären rundum glücklich. Er hat mir so viel beigebracht, und auch ich durfte ihm so vieles von mir zeigen. Wir waren von Anfang an offen und ehrlich zueinander. Es war von Beginn an ein ›Wir‹.« *Bettina*

Von- und miteinander lernen

Konflikte in der Beziehung mit unserem Soulmate sind dazu da, unsere tiefen Themen aufzudecken und zu heilen. Auf beiden Seiten. Sieh daher alle Konflikte, die du und dein Partner habt, als Chance, euch zu entwickeln. Gerade, wenn bestimmte Themen und Streitigkeiten immer wieder auftreten, ist dies ein Zeichen dafür, dass noch tiefer liegende Wunden zu versorgen sind.
Betrachte deine Situation aus der Perspektive deiner Seele, und frage dich: »Wenn meine Seele etwas in mir heilen wollte, was wäre das?«

Sehr oft haben Seelenpartner dieselben ungeliebten Themen, die geheilt werden möchten, und triggern sich gerade deshalb immer wieder gegenseitig. So lange, bis die Themen wirklich gelöst sind. Das, was du also an deinem Partner nicht magst, ist vielleicht genau das, was du an dir selbst nicht magst und nur tief vergraben hast.

Vielleicht haben sich eure Seelen genau dazu in diesem Leben verabredet. Damit ihr euch eure Themen gegenseitig aufzeigt und sie löst. Damit ihr immer mehr das Ego loslasst und bedingungslose Liebe lebt.

»Ich lerne durch meinen Partner Toleranz. Wenn man mit einem Schauspieler verheiratet ist, sieht man seinen Mann mit anderen Frauen. Das kann am Anfang sehr schmerzhaft sein, aber es ist sein Beruf. Die Liebe im Film hat nichts mit echter Liebe zu tun, sondern folgt einem mechanischen Ablauf. Da musste ich mich erst einmal hineindenken. Anfangs war es für mich schwer, Freddy in Liebesszenen mit anderen Frauen zu sehen. Auch wenn er schwierige Rollen spielte, zum Beispiel einen Nazi, und sich auf diese Rolle vorbereitete, sich in sie hineindachte, musste ich Verständnis entwickeln. Ich habe zu vertrauen gelernt.« *Annika*

»Ich lerne von David Geduld und Bedingungslosigkeit. Er zeigt mir immer wieder, dass kein Streit und keine Meinungsverschiedenheit zwischen uns stehen kann. Ich dachte früher immer, dass nur mein Verhalten über Glück und Unglück entscheidet. Mein Partner spiegelt mir also meine Ungeduld. Aber so kann ich daran arbeiten.« *Stefanie*

»**Durch** meinen Partner lerne ich immer noch, dass wir Menschen nicht dazu gemacht sind, allein durchs Leben zu gehen. Dass es zu zweit viel, viel schöner ist. Gemeinsam können Dinge doch auf eine sanftere und schönere Art und Weise bewältigt werden. Wir sind gemacht, um uns zu verbinden, und nicht dazu, getrennt zu sein.« *Bea*

»**Max** und ich sind sehr unterschiedlich in so vielen Dingen, wodurch wir immer wieder lernen, dass derselbe Moment von zwei verschiedenen Personen ganz individuell wahrgenommen werden kann. Durch die Erfahrungen und Hintergründe, die wir mitbringen. Wir lernen immer wieder voneinander, dass die eigene Wirklichkeit und Wahrheit nicht die des anderen sein muss.« *Eva*

»**In** unserer Beziehung lerne ich, dass jede Phase im Leben neue Herausforderungen mit sich bringt und Eva der positive Part in unserer Partnerschaft ist. Egal, was passiert, sie sorgt für Lebensqualität, Freude, Geborgenheit und Zusammenhalt. Sie erinnert mich immer wieder an die Einfachheit im Leben und daran, dass ›höher, schneller, weiter‹ nicht unser Lebensmotto sein kann.« *Max*

»**Ich** habe gelernt, auch einmal eine Nacht über Dinge zu schlafen. Weniger impulsiv zu sein. Und dass Frank manchmal seinen Powernap braucht, auch wenn ich etwas anderes vorhabe.« *Darija*

»**Sven** verleiht mir eine andere Sichtweise auf die Dinge. Meistens eine gelassenere.« *Deborah*

»**Alexandra** spiegelt mir immer wieder, wie wichtig es ist, loszulassen, den Augenblick zu genießen, auf kritische Aussagen nicht immer gleich mit Aktionismus zu reagieren und nichts zu erzwingen. Dies hilft mir, meinen inneren Antreiber zu beruhigen, aber auch, bewusster zu leben und das Leben zu genießen.« *Joaquin*

»**Ich** lerne noch immer jeden Tag von Joaquin, dass ich im Leben weniger kontrollieren und mehr loslassen und vertrauen sollte. Dass ich mir besonders in Bezug auf die Zukunft weniger Sorgen machen sollte und im Grunde vor nichts Angst zu haben brauche. Das sind meine Hauptlernthemen im Leben. Es ist sehr häufig so, dass unser Seelenpartner uns genau dabei hilft bzw. uns daran erinnert, unsere Lebensthemen zu bearbeiten. In meinem Fall Loslassen und Vertrauen.« *Alexandra*

»Da wir schon 20 Jahre zusammen sind, fällt es mir schwer, unser Kommunikationsverhalten zu beschreiben. Ich glaube, wir haben uns nach einem Streit immer wieder ausgetauscht über die Art des Streits und die Art der Kommunikation während des Streits. Über die Jahre sind keine Regeln entstanden, aber durch die ständige Reflexion hat sich unsere Streitkultur entwickelt.« *Max*

»Mein Partner hat mir in der Vergangenheit oft das Gefühl gespiegelt, allein zu sein. Damit habe ich abgeschlossen. Heute spiegelt er mir auch manchmal Ungeduld, in dem Sinne, dass ich nicht im Reinen mit mir bin. Er triggert zum Beispiel das Gefühl in mir, mich nicht gesehen oder schuldig zu fühlen. Mir ist bewusst, dass dieses Gefühl nichts mit ihm, sondern mit mir zu tun hat. So komme ich dazu, meine Gefühle näher anzusehen, und lerne, mir selbst mehr zu vertrauen. Das, was wir uns spiegeln, ist uns beiden bewusst, und wir reden darüber. Beziehungen leben bedeutet für mich, immer mehr ich selbst zu sein.« *Inga*

Kommunikation in der Beziehung

Wir kommunizieren ständig miteinander – dazu brauchen wir nicht unbedingt Worte.

Gerade in der Partnerschaft kennen wir den anderen oft so gut, dass er nichts sagen muss, damit wir ihn verstehen. Das kann positiv sein, wenn wir ohne viele Worte spüren, was der andere sagen möchte oder gerade braucht. Gleichzeitig können wir nicht voraussetzen, dass unsere Bedürfnisse und Gedanken vom anderen gelesen werden. Eine wertschätzende Kommunikation ist daher grundlegend, um Unstimmigkeiten zu vermeiden.

Auch unsere Paare haben geantwortet, dass Kommunikation in ihrer glücklichen Partnerschaft ein wichtiger Baustein ist. Und ihrer Meinung nach gehört dazu, einander zuzuhören, nicht alles persönlich zu nehmen, sondern die Gefühle und Bedürfnisse des anderen anzuerkennen und wertschätzend miteinander zu sprechen.

»**Für** uns ist es das Wichtigste, dass jeder seine Meinung sagen darf und wir einander zuhören. Uns ist gegenseitiger Respekt wichtig. Das Wesen des anderen annehmen, so, wie es ist. Manchmal wird es auch laut, aber es findet sich immer der Weg, der für beide stimmig ist. Wenn wir uns mal nicht einig sind, suchen wir so lange, bis wir einen gemeinsamen Nenner finden. Mal braucht es länger, aber meist sind wir uns sehr schnell einig.« *Bettina*

»**Eine** Regel in unserer Kommunikation: Wir gehen niemals im Streit schlafen. Die ist mir wichtig. Ihm ist wichtig, dass wir Konflikte nie nach 22 Uhr klären. Das ist manchmal schwierig zu vereinbaren. Aber es bringt mich dazu, Dinge direkt anzusprechen. Alltagskonflikte klären wir meist direkt. Wenn wir das nicht schaffen, machen wir eine Pause, und dann suchen wir wieder gemeinsam nach einer Lösung.« *Inga*

»**Das** wichtigste in der Partnerschaft ist entspannte Kommunikation und Zeit füreinander. Mittlerweile haben wir eine ganz tolle Kommunikationsebene gefunden. Das ist der Schlüssel zu einer glücklichen Beziehung. Ohne Vorwürfe, sondern ehrlich sein und in Ruhe reden. Zuhören, den anderen aussprechen lassen. Sich in den anderen hineinversetzen.« *Annika*

»**Ich** halte es für wichtig, dass man auf seine Sprache achtet. Sie prägt die Beziehung. Gerade in Konfliktsituationen sollte Kommunikation meiner Meinung nach möglichst wenig vorwurfsvoll und stattdessen möglichst konstruktiv sein.« *Deborah*

So stärkst du deine Beziehung durch Kommunikation

Wie bereits angesprochen, geht es in der Partnerschaft insbesondere darum, Verständnis, Empathie und Mitgefühl füreinander zu entwickeln. Wenn wir dies auch in der Kommunikation berücksichtigen, verfallen wir gar nicht erst in ein psychologisches Spiel, da es die Rollen des Angreifers, des Opfers oder des Retters nicht gibt. Wenn wir uns mit Empathie behandeln, begegnen wir uns auf der Ebene der Bedürfnisse. Wir sehen unsere eigenen Bedürfnisse und die des anderen. Und vor allem erkennen wir, dass jede Handlung unseres Gegenübers nichts mit uns selbst zu tun hat, sondern auf dessen Bedürfnissen beruht. Wir müssen also nicht nur darauf achten, was wir sagen, sondern auch, wie wir dies tun. Die meisten Konflikte rühren daher, dass wir unsere Bedürfnisse falsch kommunizieren. Meist nutzen wir eine eher wertende und verurteilende Sprache, durch die sich der Gesprächspartner angegriffen fühlt.

Wichtig ist daher, dass wir uns über unsere Kommunikation bewusst werden und Offenheit und Mitgefühl in diese einfließen lassen.

Marshall B. Rosenberg hat mit seiner Theorie der Gewaltfreien Kommunikation ein Handlungskonzept entwickelt, das aufzeigt, wie dies in vier Schritten gelingen kann:

1. Beobachtung: Als Erstes beobachten wir die Situation und nehmen sie wahr. Im Dialog beschreiben wir, was wir wahrnehmen, wir interpretieren und verurteilen nicht, sondern beschreiben allein die Situation.
Zum Beispiel: »Während ich mit dir rede, schaust du auf dein Smartphone und nicht mich an«, statt zu sagen: »Nie hörst du mir zu!«

2. Gefühl: Im nächsten Schritt äußern wir unser Gefühl. Die erste Frage, die wir uns selbst stellen sollten, ist also: »Wie fühle ich mich in der Situation?« Anschließend sollte dieses Gefühl mit Worten ausgedrückt werden. Zum Beispiel: »Das macht mich traurig/wütend/kränkt mich/...«

3. Bedürfnis: Anschließend ist es wichtig, zu erkennen, welches Bedürfnis hinter dem Gefühl steckt. Daher dürfen wir uns fragen: »Was brauche ich? Was wünsche ich mir wirklich in dieser Situation?« Zum Beispiel kann das Bedürfnis »Wertschätzung« sein. In diesem Fall könnten wir Folgendes formulieren: »... denn ich wünsche mir mehr Wertschätzung.«

4. Bitten: Im letzten Schritt geht es darum, eine Bitte zu formulieren. In unserem Beispiel: »Könntest du mich beim nächsten Mal bitte ansehen, wenn ich mit dir spreche, und das Smartphone beiseitelegen?« Wichtig ist, mit welchem Ziel wir die Bitte formulieren. Ist es wirklich eine Bitte oder vielmehr eine Forderung? Es ist eine Forderung, wenn wir den anderen unterschwellig kritisieren oder in ihm Schuldgefühle erzeugen wollen. Eine Bitte hingegen ist dann gegeben, wenn wir einfühlsam auf die Bedürfnisse der anderen Person reagieren.

Diese Schritte in unserer Kommunikation, ob mit dem Partner, den Kindern, Eltern oder Kollegen, zu berücksichtigen, hat viele Vorteile. Zum einen werden wir uns unserer eigenen Gefühle und der damit verbundenen Bedürfnisse bewusst. Dadurch erkennen wir, was wir brauchen, um glücklicher, entspannter, gesünder, harmonischer und freier zu sein. Wir erkennen, dass wir selbst dafür verantwortlich sind, auf unsere Bedürfnisse zu achten. Dass deren Erfüllung nicht die Aufgabe unseres Partners, Kindes, unserer Eltern, Kollegen etc. ist, sondern unsere eigene. Und dass wir dieses Gefühl und Bedürfnis unserem Gegenüber kommunizieren müssen, damit dieser uns und unser Verhalten besser versteht.
Außerdem wird uns bewusst, dass auch unser Gegenüber nicht unseretwegen so handelt, wie es es tut, sondern aufgrund seiner eigenen Bedürfnisse. Vielleicht hatte der Partner in unserem Beispiel gerade das Bedürfnis nach Information und hat deshalb auf sein Smartphone geschaut. Seine Absicht war nicht, der anderen Person nicht zuzuhören oder sich nicht für deren Belange zu interessieren, sondern, sich über etwas zu informieren.

SELBSTREFLEXION

- Wie kommunizierst du in Konflikten?
- Beschreibst du deine Gefühle?
- Beziehst du das Verhalten des anderen häufig auf dich?
- Siehst du dein dahinterliegendes Bedürfnis? Und das deines Partners?

Wenn sich also beide Partner über ihre Bedürfnisse im Klaren sind und diese auch kommunizieren, hilft das, mehr Verständnis und Empathie in der Partnerschaft zu entwickeln.

Und wenn wir uns selbst und unseren Partner sowie dessen Verhalten besser verstehen, kommt es seltener zu Konflikten. Denn wir beziehen nicht mehr so viel auf uns, bewerten und interpretieren weniger, sondern sind im klaren Austausch miteinander.

Wie du deine Gefühle und Bedürfnisse besser erkennst, erfährst du in den nächsten beiden Abschnitten.

Vielleicht möchtest du diese Art der Kommunikation bei nächster Gelegenheit ausprobieren. Entweder mit dem Partner oder, wenn du keinen Partner hast, mit deinen Freunden, Eltern, Kindern oder Kollegen. Du wirst sicherlich feststellen, wie viel klarer du bist und wie Situationen, in denen es früher vielleicht zu einem Streitgespräch gekommen wäre, nun in einem einfachen Dialog enden.

»**Wir** reden sehr viel. Das Besondere an meiner Beziehung zu Daniel ist, dass er mich so akzeptiert, wie ich bin.« *Louisa*

»**Wir** halten unsere Kommunikation immer offen und ehrlich. Wir sind seit 15 Jahren jeden Tag 24 Stunden zusammen. Da braucht es schon ein offenes Feld für jeden. Aber wir lieben es, zusammen kreativ zu sein. Wir haben fast dieselben Interessen und daher ein großes gemeinsames Spielfeld. Wir haben so viel zusammen auf die Beine gestellt! Wir sind ein unglaublich starkes Team.« *Bettina*

»**In** der Kommunikation ist Transparenz wichtig. Seinen Gedanken und Gefühlen Raum zu geben und diese zu artikulieren. Nur dadurch lassen sich Missverständnisse und damit einhergehend auch Konflikte vermeiden.« *Joaquin*

»**Bei** uns kommen die Dinge recht schnell auf den Tisch. Es ist wichtig, zu erkennen, wann eine Grenze überschritten wird bzw. wo es eine gibt. Und diese Punkte, falls sie ein Problem für die Beziehung sind, sensibel anzusprechen und vielleicht nicht unmittelbar in einem hitzigen Moment.« *Simon*

Gefühle erkennen – oder: Wie drückst du deine Liebe aus?

Wie zuvor beschrieben, ist es für eine gelungene Kommunikation wichtig, die eigenen Gefühle zu erkennen und dem Gegenüber mitzuteilen. Gerade in einer Partnerschaft mit deinem Soulmate wirst du viel über Gefühle sprechen. Nicht jedem fällt das leicht.

Für mich (Alexandra) als sehr emotionalen Menschen war es schon immer wichtig, meine Gefühle auszudrücken und über sie zu sprechen. Doch ich hatte nicht in allen Partnerschaften ein Gegenüber, dem es genauso ging. Oftmals habe ich deshalb an mir selbst gezweifelt. Es fiel mir schwer, zu akzeptieren, dass mein Partner einfach nicht bereit oder nicht in der Lage war, über seine Gefühle zu sprechen. Mir hat in diesen Beziehungen immer etwas gefehlt, weil mein Bedürfnis nach emotionaler Tiefe und Austausch nicht erfüllt wurde. Oftmals habe ich dies durch Gespräche mit meinen Freundinnen kompensiert. Aber der Wunsch, auch in der Partnerschaft solche Gespräche führen zu können, blieb dennoch bestehen und war für mich mitunter auch ein Trennungsgrund.
Daher ist es so wichtig, sich schon zu Beginn einer Beziehung über die eigenen Bedürfnisse im Klaren zu sein und diese auch mit dem Partner zu besprechen. So muss sich niemand übergangen, gekränkt oder verletzt fühlen. Vielmehr ist dann klar, dass es um die eigenen Bedürfnisse geht, denen Beachtung geschenkt werden muss. So lässt sich gemeinsam viel besser eine Lösung finden.

»**Ehrlichkeit** und, Dinge, die einen bewegen, anzusprechen, sind so wichtig. Wir kommunizieren direkt miteinander, und wir haben noch nie etwas länger mit uns herumgetragen, sondern immer unmittelbar diskutiert und auch schon des Öfteren leidenschaftlich gestritten.« *Simon*

Um ein besseres Verständnis füreinander zu erlangen, können wir uns fragen, wie wir unsere Umgebung hauptsächlich wahrnehmen, welche Sinne wir nutzen und auf welchem Weg wir am liebsten Liebe und Nähe geben und empfangen: *Sehen (visuell), Fühlen (haptisch)* oder *Hören (auditiv).* So braucht ein haptisch veranlagter Mensch in der Regel sehr viel Nähe und körperliche Zuwendung, um sich geliebt zu fühlen. Das heißt Streicheln, Umarmen, Küssen etc. sind für ihn am wichtigsten, um sich dem Partner nahe zu fühlen. Ist jemand visuell veranlagt, kann es sein, dass ihm kleine Liebesbriefe, schöne Blumen und Essen bei Kerzenschein besonders wichtig sind, um seine Liebe auszudrücken. Dem auditiv veranlagten Menschen ist es hingegen wichtig, die Worte »Ich liebe dich« so oft wie möglich zu hören.

SELBSTREFLEXION

- Welche Sinneskanäle sind für dich am wichtigsten?
- Welche für deinen Partner?
- Gibt es Gemeinsamkeiten darin, wie ihr eure Liebe füreinander ausdrückt?

Wenn wir uns über unsere bevorzugten Sinneskanäle bewusst sind, können wir leichter Verständnis für uns und unseren Partner aufbringen. Die jeweiligen Bedürfnisse leichter erkennen und darauf eingehen. Und vor allem uns darüber in Gesprächen austauschen.

»**Reden** ist so wichtig. Und immer wieder zu erkennen, dass der andere mich verstehen will.« *Inga*

»**Man** sagt Männern nach, dass sie mitunter nur begrenzt Gefühle äußern oder gar zeigen. Gleichwohl ich in Deutschland groß geworden bin, liegen meine kulturellen Wurzeln in Spanien, wo meine Familie ihren Ursprung hat.
Mir ist von klein auf vermittelt worden, meinen Gefühlen Ausdruck zu verleihen: Freude und Trauer sowie allen Facetten dazwischen. Dies war und ist für mich teilweise ein Problem, da Emotionen mitunter keinen Platz in unserer Gesellschaft finden. Daher fällt es uns – und damit meine ich nicht nur, jedoch insbesondere Männer – schwer, Emotionen zu zeigen. *Wann hast du das letzte Mal bei einem Film geweint, weil eine bestimmte Szene dich so berührt hat? Wann*

sind bei dir das letzte Mal vor Glück Tränen geflossen? Letzteres in meinem Fall erst heute morgen beim Beantworten der Interviewfragen, da ich tatsächlich unendlich dankbar für mein Leben, meine Familie, die Kinder und meinen Soulmate Alexandra bin.
Wir sind gesellschaftlich davon geprägt, das Zeigen jedweder Gefühle als unkontrolliert, unangebracht oder als Zeichen von Schwäche zu sehen. Vor allem im beruflichen Kontext wird dies in der Regel als sehr unprofessionell erachtet. Aber Emotionen sind für mich ein Zeichen dafür, dass man mit Begeisterung bei einer Sache ist, sei es im privaten oder beruflichen Kontext. Ich finde, dass es überhaupt nicht unprofessionell und unangebracht ist, Gefühle zu zeigen – im Gegenteil. Wir alle sind Menschen mit Gefühlen. Wir alle verspüren manchmal Angst, Trauer, Wut, Freude und Dankbarkeit und dürfen diesen Gefühlen Ausdruck verleihen. Wir dürfen öfter wieder Kind sein. Dies macht uns nicht schwächer oder weicher, sondern insgesamt authentischer.« *Joaquin*

SELBSTREFLEXION

Um das Gelesene zu den Themen »Konflikte« und »Kommunikation« für euch als Paar noch einmal zu reflektieren, beantwortet die folgenden Fragen:

› Wie wurde in deiner Kindheit mit Konflikten umgegangen?
› Was möchtest du davon beibehalten, was ablegen?
› Welche tiefer liegenden Themen stecken hinter wiederkehrenden Konflikten?
› Welche Trigger werden bei dir angesprochen, und wie kannst du sie loslassen?
› Welche »Spiele« möchtest du nicht mehr spielen? Wie kannst du deinen Partner in der Situation darauf aufmerksam machen und aus dem Spiel aussteigen?
› Welche Rollen möchtest du in Konflikten nicht mehr einnehmen? Wie gelingt dir das?
› Was wünschst du dir in Bezug auf Kommunikation in eurer Beziehung?
› Wie kannst du dir deiner Bedürfnisse bewusst werden und diese kommunizieren?
› Wie gelingt es dir, deinen Partner besser zu verstehen?
› Wie könnt ihr euch gegenseitig dabei unterstützen, eine offene, wertschätzende Kommunikation zu führen?
› Wie wünscht ihr euch das »Ende« eines Konflikts? Wie soll eure Versöhnung aussehen?
› Inwiefern verstehst du dein eigenes und das Konfliktverhalten deines Partners nun besser?

Bedürfnisse erkennen

Wie bereits deutlich wurde, ist für eine gute Kommunikation grundlegend wichtig, die eigenen Gefühle, aber auch Bedürfnisse zu erkennen. Lasse uns daher im nächsten Schritt einen Blick auf deine Bedürfnisse werfen.

ÜBUNG: Deine Bedürfnisse

Nimm dir etwas Zeit, um zu reflektieren, und beantworte die folgenden Fragen.

1. Was sind deine Bedürfnisse im Hinblick auf dein Leben im Allgemeinen? (Zum Beispiel Freiheit, Liebe, Gesundheit, Erfolg, Wertschätzung, Zusammenhalt, Harmonie). Schreibe alle Bedürfnisse auf, und dann schaue, welche deine fünf Hauptbedürfnisse sind.

2. Was sind deine Bedürfnisse in deiner Beziehung? (Zum Beispiel Nähe, Liebe, Gleichberechtigung, Anerkennung, Zuneigung, Sex, Leidenschaft, Wertschätzung, Freiheit). Schreibe alle Bedürfnisse auf, und dann schaue, welche deine fünf Hauptbedürfnisse sind.

3. Decken sich deine Bedürfnisse hinsichtlich deines Lebens im Allgemeinen und deiner Partnerschaft? Wo gibt es Gemeinsamkeiten, wo Unterschiede?

4. Inwiefern sind deine Bedürfnisse erfüllt? Schaue dir die Top 5 deiner Bedürfnisse für dein Leben im Allgemeinen und für deine Partnerschaft einmal genauer an. Auf einer Skala von 1 bis 10 (1 ist sehr gering, 10 ist sehr stark): Wie sehr sind deine Bedürfnisse erfüllt?
Wenn unsere Grundbedürfnisse nicht erfüllt sind, äußert sich das in unseren Gefühlen. Wir sind dann beispielsweise unglücklich, gereizt, traurig oder wütend. Wir fühlen uns vielleicht gestresst, allein oder unverstanden. Das kann dazu führen, dass wir ungerecht gegenüber anderen werden, obwohl diese eigentlich nichts mit der Erfüllung unserer Bedürfnisse zu tun haben. Wir selbst sind dafür verantwortlich. Daher ist es so wichtig, dass wir auf unsere Bedürfnisse achten. Das geht sicherlich in manchen Situationen besser, in anderen ist es schwieriger. Aber es sollte immer einen Weg geben.

5. Was kannst du tun, um deine Bedürfnisse besser zu erfüllen? Was ist kurzfristig der erste wichtige Schritt? Und was kannst du mittel- und langfristig für dich tun?
Diese Fragen kannst du dir jeden Tag stellen. Zum Beispiel in Form eines »Bedürfnis-Check-in« morgens nach dem Aufstehen oder abends vor dem Schlafengehen.
Formuliere dafür zu jedem Bedürfnis konkrete Handlungen, die du kurz-, mittel- und langfristig umsetzen kannst. Und dann beobachte, was geschieht. In deinem Leben und vor allem in deinen Beziehungen.

»**In** der Kommunikation ist mir wichtig, dass man versucht, immer wieder durch die Augen des anderen auf die Situation zu blicken. Dass man wertschätzend miteinander spricht und grundsätzlich davon ausgeht, dass der andere einem nichts Böses will. Je entspannter man selbst ist und je niedriger man das Stresslevel hält, desto besser kann man mit den Dingen umgehen, die einen am anderen nerven. Ist das Stresslevel aber sehr hoch, ist das nicht möglich. Für mich ist es dann wichtig, etwas zu tun, was mir guttut. Ich nehme mir in solchen Fällen zum Beispiel eine Auszeit im Wald.« *Eva*

»**Wenn** ich unter Druck bin, werde ich sofort ungeduldig, und das erfordert dann von Tino viel Durchhaltevermögen und Feingefühl. Dies klappt nicht immer. Da wir aber schon so lange zusammen sind, wissen wir, worauf es ankommt, und versuchen, solche Trigger zu vermeiden.« *Bettina*

»**Mir** ist es wichtig, dass man Fehler machen darf, sich dafür aber auch entschuldigen kann. Mir fällt es oft schwer, auf meine Bedürfnisse zu achten. Deswegen ist es mir häufig wichtig, dass mein Partner sie erkennt.
Wichtig ist in jedem Fall auch, dass Kommunikation stattfindet. Im Alltag mit Kind und Job kommt sie oft viel zu kurz, deswegen telefonieren mein Mann und ich mindestens einmal am Tag, weil man zu Hause oft gar nicht dazu kommt, sich wirklich auszutauschen.« *Stefanie*

Praxisbeispiel: Bedürfnisse erkennen und auf sie achten

Susan war Mitte 40, verheiratet und hatte drei Kinder. Eines davon war erst ein paar Monate alt. Als sie ins Coaching kam, wirkte sie sehr gestresst. Man sah ihr an, dass es für sie nicht einfach gewesen war, diesen Termin wahrzunehmen. Sie kam, weil sie die Kommunikation mit ihren Kindern und ihrem Mann verbessern wollte. Doch ihr tiefer liegendes Anliegen wurde schnell deutlich: »Wie schaffe ich es, mehr auf mich und meine Bedürfnisse zu achten? Wie schaffe ich es, Grenzen zu setzen und nicht zu allem Ja zu sagen?« Denn die Konflikte in der Familie folgten immer wieder demselben Muster: Susan fühlte sich von ihrer Familie nicht wertgeschätzt und gesehen. Sie verstand nicht, wie sie »alles für die Kinder und ihren Mann tun« konnte, dann aber »keine Zeit mehr blieb« für sich selbst. Und es ärgerte sie, dass niemand sonst in der Familie auf ihre Bedürfnisse achtete. Wir arbeiteten zuerst an ihrem Selbstwertgefühl und dem von ihr lange unterdrückten Gefühl der Wut. Dieses durfte sie in der Kindheit nie ausleben, hatte es seither immer verdrängt und somit nie Durchsetzungsstärke lernen können. Denn Wut zuzulassen, bedeutet auch, Nein sagen zu können und Grenzen zu setzen. Als wir dieses Thema bearbeitet hatten, haben wir uns das Kommunikationsverhalten innerhalb der Familie angesehen. Es wurde schnell deutlich, dass Susan ihre eigenen Bedürfnisse gar nicht im Blick hatte. Wichtig für sie war im ersten Schritt, sich überhaupt zu erlauben, ihre Bedürfnisse ernst zu nehmen, sich dieser dann auch bewusst zu werden und sie natürlich auch in der Familie zu kommunizieren. Dazu nutzte sie das Modell der Gewaltfreien Kommunikation. Ihre Kommunikation wurde viel klarer, sie nahm eine ganz neue Haltung ein. Dies wirkte sich absolut positiv auf das Familienleben und Miteinander aus.

Geheimnisse einer glücklichen Partnerschaft

Gibt es *das* Geheimrezept für eine glückliche Beziehung?
Bei unseren Soulmates lassen sich in jedem Fall einige wichtige Zutaten erkennen:

*Zeit füreinander,
Kommunikation und Empathie.*

»**Ich** denke, es ist sehr wichtig in einer Partnerschaft, gemeinsame Interessen zu haben. Ehrlich zu sein. Nicht alles um des lieben Friedens willen hinzunehmen. Seine Meinung zu vertreten, aber auch den Weitblick für das Gemeinsame vor Augen zu haben. Es gibt ihn, diesen gemeinsamen Weg, und ihn zu gehen, ist eine Entscheidung. Solange Liebe da ist, ist es ein wunderschöner Weg. Wenn die Liebe nicht mehr da ist, ist dieser Weg zu Ende und wird zum Kampf ums Überleben. Das möchten wir beide auf keinen Fall. Bei uns ist die Liebe jeden Tag aufs Neue da. Wir lieben uns aus tiefstem Herzen und sind einfach dankbar für jeden gemeinsamen Tag.« *Bettina*

»**Ich** finde nicht, dass Gegensätze sich anziehen. Daniel und ich sind uns sehr ähnlich, wir teilen Humor, Vertrauen, intelligente, tiefgründige Gespräche. Gleiche Interessen sind für mich wichtig und, Zeit zu zweit einzuplanen.« *Louisa*

»**Neben** der Kommunikation halte ich es für wichtig, schöne Dinge miteinander zu erleben. Wir sind zum Beispiel immer viel gereist. Diese Erinnerungen bleiben und festigen die Partnerschaft. Auch jetzt versuchen wir, diese schönen Erlebnisse sowohl als Familie als auch als Paar gemeinsam zu erleben. Dafür muss man sich immer wieder Räume freischaufeln. Aber es lohnt sich.« *Deborah*

»**Unser** Geheimrezept: Das Küssen nicht vergessen.« *Stefanie*

»**Wichtig** ist, zu wissen, was einem selbst wichtig ist und ob sich das mit den Erwartungen des Partners deckt. In einer Partnerschaft muss jeder auch mal Kompromisse eingehen, diese dürfen aber nicht seelenverändernd sein.« *Simon*

»**Respekt** ist superwichtig. Kommunikation. Wir sprechen immer direkt an, was bei uns so los ist. Ob es die Beziehung betrifft oder, wenn man mal Weltschmerz hat, Ängste oder was auch immer. Wir reden einfach unglaublich viel miteinander. Und auch der Humor ist wichtig. Wir können sowohl unglaublich miteinander als auch übereinander lachen. Ich glaube, diese Kombi aus Kommunikation und Humor ist unser Geheimrezept.« *Julia*

»**Unser** Geheimrezept ist, einander mit offenem Herzen zuzuhören, ohne etwas sagen zu wollen. Wahres Interesse am anderen zu haben, an seiner individuellen Entwicklung und seiner Person. Gemeinsamkeiten zu finden, gemeinsame Interessen, die einen verbinden. Und den anderen so sein zu lassen, wie er ist, und ihn dabei zu unterstützen, seine für ihn ›beste Version‹ zu werden. Auf eine liebevolle Art und Weise.« *Bea*

»**Versöhnung** und Verständnis für die Unterschiedlichkeit jedes Einzelnen.« *Joaquin*

»**Unser** Geheimrezept für eine glückliche Beziehung: unsere »Pausen-Wochenenden«. Das sind Wochenenden, an denen wir Pausen von unserem Leben nehmen. An denen wir keine Termine haben und uns nichts vornehmen, sondern nur das machen, wonach uns ist.« *Daniel*

»**Wenn** ich meine Frau wecke, lächelt sie mich immer an. Jeden Morgen. Ich weiß gar nicht, ob sie das bewusst macht. Aber für mich verändert es alles.« *Kai*

»Unser Geheimrezept ist tatsächlich Kommunikation und das Interesse, den anderen am ›Leuchten‹ zu halten. Es geht auch darum, den Alltag mal zu durchbrechen und den anderen zu überraschen. Wir sind davon überzeugt, dass das viele Miteinander-Reden und vor allem Über-alles-miteinander-Reden das ist, was unsere Beziehung so schön macht.« *Darija und Frank*

»Ich bin überzeugt, dass gemeinsame Werte helfen, glücklich zu sein. Vielleicht ist ja eine gute Übung, darüber immer wieder im Austausch zu bleiben und einmal weniger über anderes zu sprechen. So bleibt man in Verbindung und stellt sich und seinen Partner in den Mittelpunkt. Das schafft das Bewusstsein, dass die Beziehung wertvoll ist, und sorgt dafür, dass sie genügend Raum im Alltag einnimmt.« *Max*

»Viele zweisame Momente, regelmäßig, auch wenn man meint, keine Zeit zu haben.« *Lara*

In unserer Arbeit als Coaches und auch in den Interviews wurde für uns deutlich, dass jene Paare besonders glücklich miteinander sind, die eine tiefe Freundschaft entwickelt haben, sich gut kennen und Empathie, also Mitgefühl füreinander, und eine wertschätzende, klare, respektvolle Kommunikation leben.

Das bestätigt auch der US-Psychologe und Paartherapeut John Gottman. Er hat in Untersuchungen festgestellt, dass eine tiefe *Freundschaft* für eine glückliche, lang anhaltende Partnerschaft wichtig ist. Also gegenseitiger Respekt und Wertschätzung füreinander. Dazu gehört auch, in Konfliktsituationen wohlgesonnen zu sein, sich täglich Zuneigung zu zeigen, den anderen gern um sich zu haben und ihn sehr, sehr gut zu kennen. Mit all seinen Wünschen, Träumen und Eigenarten. Gottman zufolge sind Paare mit hoher *emotionaler Intelligenz*, die den positiven Gedanken und Gefühlen in ihrem Alltag eine wichtigere Rolle einräumen als den negativen, glücklicher. (John M. Gottman: Die 7 Geheimnisse der glücklichen Ehe, Ullstein Verlag, 2014)

Auch unsere Soulmates verbindet durchweg eine tiefe Freundschaft mit ihrem Partner. In allen Interviews war spürbar, wie gut sich die Partner gegenseitig kennen und welche tiefe Vertrautheit zwischen ihnen besteht.

Auch bei uns (Joaquin und Alexandra) ist dies der Fall. Wir teilen unsere Träume und Wünsche, unsere Sorgen und Ängste. Was uns beschäftigt und bewegt. Diese tiefe Vertrautheit, als würde man den anderen schon ewig kennen, ist für uns ein Zeichen für wahre Seelenpartnerschaft.

SELBSTREFLEXION:
Wie gut kennst du deinen Partner?

TIPP: Schaut, wie gut ihr einander kennt, indem ihr euch die Fragen abwechselnd gegenseitig beantwortet.

- Wer sind die engsten Freunde deines Partners?
- Mit wem spricht er über seine Probleme?
- Mit welchen Problemen ist dein Partner gerade konfrontiert?
- Mit welchen Menschen hatte dein Partner in letzter Zeit Schwierigkeiten oder Konflikte?
- Welche großen Träume hat dein Partner?
- Was ist das Lebensmotto deines Partners?
- Welche Verwandte mag dein Partner am wenigsten?
- Welche Musik mag dein Partner am liebsten?
- Nenne die drei Lieblingsfilme deines Partners.
- Was waren die drei prägendsten Lebensphasen/Lebensereignisse deines Partners?
- Was war das schwerwiegendste Ereignis, das deinem Partner in seiner Kindheit widerfahren ist?
- Was sind die wichtigsten Werte deines Partners?
- Welche Angst beschäftigt deinen Partner derzeit am meisten?
- Was würde dein Partner tun, wenn er plötzlich im Lotto gewinnen würde?
- Welchen ersten Eindruck hatte dein Partner von dir?

Unabhängig von euren Antworten ist es hilfreich, euch regelmäßig selbst zu fragen:

- Fragst du deinen Partner immer einmal nach seinen Vorstellungen, Bedürfnissen und Erfahrungen?
- Hast du das Gefühl, dass dein Partner dich ziemlich gut kennt?
- Ist dein Partner mit deinen Wünschen vertraut?

Die zuvor aufgeführten Fragen sind inspiriert von John Gottmans »Die Partner-Landkarte: Ein Spiel in zwanzig Fragen« und können euch helfen, einander immer wieder näher kennenzulernen und emotionale Nähe und Verständnis füreinander aufzubauen. Das hilft euch in Konfliktsituationen, in der Kommunikation und allgemein im Zusammenleben. Denn ihr lernt, euch besser ineinander hineinzuversetzen.

Vielleicht möchtest du dir also mit deinem Partner Zeit nehmen und ein Gespräch über eure größten Wünsche, Träume und Bedürfnisse führen. Dabei können euch die zuvor genannten Fragen unterstützen. Unterhaltet euch über die einzelnen Punkte. Sprecht über das, wovor ihr Angst habt, was euch Sorgen bereitet. Und auch über das, worauf ihr euch freut und wovon ihr individuell und als Paar träumt. Was sind eure gemeinsamen Zukunftspläne? Gibt es Projekte, die ihr umsetzen möchtet? In den Abschnitten »Eure Zukunft gemeinsam gestalten« (S. 165) und »Dein Lebenssinn« (S. 169) findest du hierzu weitere Übungen und Impulse.

Im Grunde helfen euch alle Übungen in diesem Buch, euch selbst sowie euch gegenseitig besser kennenzulernen, miteinander über eure Vergangenheit, Verletzungen und Gefühle zu sprechen sowie diese alten Themen positiv abzuschließen. Sie sind euer Werkzeug, um eine glückliche Beziehung, eine Seelenpartnerschaft zu leben.

Gibt es noch weitere Geheimnisse für eine glückliche Beziehung?

Ein wichtiger Punkt ist sicherlich die kontinuierliche Besinnung auf das Positive, denn sie lässt Paare auch schwierige Situationen in der Partnerschaft besser bewältigen. Bei Beziehungskrisen kann es daher sinnvoll sein, dass man sich an positive Erlebnisse der Vergangenheit erinnert, die wieder die Funken sprühen lassen. Oder auch, dass man darüber spricht, was man aneinander mag und schätzt. Das haben auch unsere Soulmates bestätigt. Gerade die Paare in einer langjährigen Beziehung empfanden die Beantwortung unserer Interviewfragen als positiv und stärkend für ihre Partnerschaft. Sie erinnerten sie an ihre Kennenlernzeit und auch daran, wie viele Herausforderungen sie schon gemeinsam gemeistert hatten. Aber auch daran, wie stark ihre Liebe ist und wie dankbar sie für diese sind.

Möchtet vielleicht auch ihr euch sagen, was ihr am anderen schätzt? Welche Eigenschaften am anderen mögt ihr besonders? Wofür seid ihr sehr dankbar? Was hat euch und eure Beziehung besonders stark gemacht? Und worauf freut ihr euch gemeinsam?

Im Alltag geht diese Form der gegenseitigen Zuwendung manchmal unter. Unsere Soulmates berichteten häufig, dass sie sich über gemeinsame Zeit freuen, gern etwas gemeinsam unternehmen oder sich im Alltag unterstützen. Dass es ihnen wichtig ist, »nah beieinander« zu sein, das heißt, die Gefühle und Bedürfnisse des anderen zu kennen, um den Partner auch emotional unterstützen zu können. Fast alle unsere Paare sprechen jeden Tag miteinander über die Themen, die sie gerade beschäftigen, und sind füreinander da.

SELBSTREFLEXION

- Wie könnt ihr euch im Alltag einander noch stärker zuwenden und unterstützen?
- Wie geht ihr auf die Bedürfnisse des anderen ein?
- Inwieweit fühlt ihr euch gesehen bzw. gehört?

Die tiefsten Träume und Wünsche des Partners wahrzunehmen und zu respektieren, ist wichtig. Oftmals haben Seelenpartner *gemeinsame Träume*, die sie verwirklichen. Auch ein *gemeinsamer Sinn* und *Rituale* als Paar oder Familie können die Verbundenheit stärken. Zum Beispiel an gemeinsam verbrachten Abenden, am Wochenende, zu Geburtstagen oder anderen Fest- und Feiertagen.

SELBSTREFLEXION

- Habt ihr gemeinsame Rituale als Paar oder in der Familie?
- Welche Rituale aus eurer Kindheit würdet ihr gern in eure Beziehung oder Familie aufnehmen?
- Was wären schöne Rituale für euch als Paar, um gemeinsame Zeit für euch zu schaffen?

Unsere Soulmates haben folgende Rituale in ihrer Beziehung und Familie etabliert:

»**Einmal** im Monat haben wir einen Abend nur für uns. Ohne Kinder oder Freunde. Das umzusetzen, ist nicht immer leicht. Und manchmal lassen wir es schleifen. Aber wenn es mal nicht so gut läuft, bringen uns genau diese gemeinsamen Tage wieder zurück in unser Glück.« *Eva*

»**Wir** essen gemeinsam, gehen mit den Kindern viel raus und nehmen uns abends immer etwas Zeit, um uns gegenseitig auf den neuesten Stand zu bringen. All das sind keine festen Rituale, vielmehr eine Art gemeinsamer Wertekodex. Oh, ein Ritual gibt es doch: Wenn es irgendwo eine Party gibt, dann machen wir alles möglich, um auch hinzugehen.« *Inga*

»**Eines** unserer festen Rituale ist es, warmes Zitronenwasser zu trinken, dann jeder für sich zu meditieren, und anschließend treffen wir uns zum Kaffee und Austausch wieder. Im Frühjahr und Sommer fahren wir am Vormittag gern an den See und genießen dort Frühstück, Kaffee und die Natur. Wir machen auch gern zusammen Sport, zum Beispiel Stand-up-Paddling, oder gehen spazieren.
Generell verbringen wir die wenige Zeit, die wir gemeinsam haben, sehr intensiv. Wir sprechen viel. Über alles. Mein Partner ist tatsächlich gleichzeitig auch mein bester Freund und engster Vertrauter. Abends schwelgen wir gern in Erinnerungen an unsere Jugend und hören alte Songs aus den 1990ern (wir sind beide große Hip-Hop- und R'n'B-Fans), und wir tanzen auch zusammen durch die Küche. Wir lieben es einfach. Ich liebe Mikes Offenheit und, dass er genauso ein bisschen ›verrückt‹ ist wie ich.« *Bea*

»**Als** Paar versuchen wir, uns regelmäßig Zeit zu zweit zu nehmen. Ob man das als Ritual bezeichnen kann, weiß ich nicht. Mir sind diese Zeiten aber sehr wichtig.
In der Familie haben wir viele kleine Rituale: Wir lesen mit den Kindern vor dem Schlafengehen, wir essen gemeinsamen, und auch in der Familie versuchen wir, regelmäßig schöne gemeinsame Zeit in den Alltag einzubauen. Ich glaube, diese gemeinsamen Erlebnisse sind wichtig für alle.« *Deborah*

»Ja, wir haben ein Ritual: Seit wir zusammen sind, bringt Sascha mir morgens einen Kaffee ans Bett, und wir schalten das Frühstücksfernsehen an. Auch nachdem wir unseren Sohn bekommen haben. Der sitzt jetzt bei uns in der Mitte mit einer Tasse Kakao!« *Julia*

»Als Familie haben wir verschiedene Rituale. Eines ist die Visionstafel, die wir zu Beginn eines neuen Jahres gemeinsam erstellen. Jetzt schon zum zweiten Mal mit unserer 4-jährigen Tochter zusammen. Wir lassen erst einmal das vergangene Jahr Revue passieren und überlegen uns jeweils individuell, als Paar und als Familie, was wir im neuen Jahr machen und erreichen möchten. Es ist nicht nur schön, die Visionstafel entstehen zu sehen, es ist auch ein ganz wichtiger Baustein, um sich bei den Vorhaben gegenseitig unterstützen zu können. Das zweite Ritual ist, unserer Tochter jeden Abend etwas vorzulesen. Anschließend sagt jeder von uns dreien, was für sie und ihn an dem Tag schön war. Das lenkt die Aufmerksamkeit auf die schönen Dinge im Leben und lässt uns sehr dankbar sein.« *Darija und Frank*

»Wir haben bestimmt viele Rituale, die uns nicht bewusst sind. Am Anfang haben Marc und ich uns jede Nacht gesagt, wie sehr wir uns lieben: ›From Cologne to Cologne, from the deep blue sea to the stars in the sky, around the world and back.‹« *Simon*

»Unser Familienritual besteht darin, abends im Bett vor dem Einschlafen gemeinsam mit unserem Sohn positive, bestärkende Affirmationen zu wiederholen. Jeder darf Vorschläge machen, zum Beispiel ›Ich bin richtig‹, ›Das Leben liebt mich‹ oder ›Ich bin ein Glückskind‹. Im entspannten Zustand können sich diese Sätze stärker ins Unterbewusstsein integrieren. Und es ist ein positiver Abschluss des Tages. Und eines unserer wichtigsten und schönsten Rituale als Paar ist ein schönes gemeinsames Essen mit Gesprächen, in denen wir neue Pläne schmieden, über unsere Träume und Wünsche sprechen und schon anfangen, deren Umsetzung konkret zu planen. So ist auch die Idee für dieses Buch als unser gemeinsames Projekt bei einem Abendessen entstanden.« *Alexandra*

»Ein wichtiges Ritual ist für uns, uns immer wieder Liebesbriefe zu schreiben. Zu jedem Feiertag, aber auch einfach so. Das erinnert uns an die Anfangszeit unserer Beziehung und ist eine schöne Wertschätzung füreinander.« *Joaquin*

»Wir nehmen uns mindestens einmal im Monat Zeit nur für uns. Einen Abend oder einen ganzen Tag, irgendwie schaufeln wir uns die Zeit frei. An diesem Tag machen wir das, wozu wir Lust haben. Ganz ohne feste Termine. Wir entscheiden alles spontan. Und wenn es nur im Bett liegen und kuscheln ist.« *Louisa*

»Uns sind gemeinsames Essen und Genießen sehr wichtig. Wir haben einen Happy Place in den Niederlanden. Den hatten wir schon vor den Kindern. Da fahren wir so oft es geht hin und können die ganzen schönen da schon erlebten Stunden sofort ins Bewusstsein zurückholen.« *Stefanie*

»Für mich ist es das Schönste, wenn wir zusammen mit unseren Enkelkindern unterwegs sind. Wenn sie uns besuchen und bei uns übernachten. Wenn wir mit ihnen singen, tanzen, spielen, lachen. Sie berühren unser Herz bis ins Tiefste. Auch das Zusammenkommen mit meinen Kindern ist für uns ein großes Geschenk. Durch die Herausforderungen am Anfang unserer Partnerschaft betrachten wir es nicht als selbstverständlich, eine so gute Beziehung zu ihnen zu haben. Es ist ein stetes gemeinsames Weben und Hegen. Wir fahren seit fünf Jahren immer zusammen mit meiner ältesten Tochter und ihrer Familie nach Korsika in die Ferien. Meine zwei großen Söhne kommen auch immer wieder dazu. Ich durfte ein ganz großes Glück mit meinen beiden Töchtern teilen bei einer gemeinsamen Zeit auf Hawaii. Das war eine wichtige Reise für uns drei und hat viel in die Heilung gebracht. Mit meinen Eltern hatte ich lange kein so gutes Verhältnis. Aber sie waren mir dennoch sehr wichtig. Beide sind bereits gegangen, und ich denke sehr viel an sie. Also, uns beiden ist Familie sehr wichtig.« *Bettina*

Was sollten wir also in der Partnerschaft leben, damit die Liebe lange anhält? Freundschaft, Empathie, Mitgefühl, Wertschätzung, offene Kommunikation über Gefühle und Bedürfnisse, Selbstreflexion und Bewusstsein über die eigenen Trigger und Themen, Raum für die Entwicklung jedes Einzelnen, gemeinsame Träume und einen gemeinsamen Sinn.

Wie Kinder die Partnerschaft verändern

Alle Eltern wissen es: Kinder sind die wundervollste Bereicherung für die Partnerschaft und Familie. Aber sie verändern auch sehr viel.

Joaquin und ich haben gemerkt, dass unsere Kinder unsere Beziehung intensiviert haben. Es gab plötzlich neue Rollen und Herausforderungen, neue Konflikte. Aber auch einfach noch mehr Liebe und Freude.
Wir waren fünf Jahre zusammen, bevor unser gemeinsamer Sohn geboren wurde. Natürlich waren Joaquins Kinder schon Teil unserer Familie. Wir verbrachten mit ihnen jedes zweite Wochenende und die Ferien. Aber die Zeit, in der wir nur zu zweit waren, verbrachten wir sehr intensiv. Wir haben nächtelang geredet, haben einander vorgelesen, am liebsten Paulo Coelho, und sind viel gereist. Es war, als würden wir in kurzer Zeit all das nachholen, was wir schon erlebt hätten, hätten wir uns früher kennengelernt. Das, was andere in 15 Jahren Beziehung erleben, packten wir in gerade einmal fünf Jahre. Das hat unserer Paarbeziehung sehr gutgetan. Mit unseren zwei gemeinsamen Kindern sind wir nun als Familie noch stärker zusammengewachsen. Und haben uns auch als Mutter und Vater kennengelernt.

Unseren Soulmates ging es ähnlich. Kinder haben ihre Beziehungen auf unterschiedliche Art und Weise intensiviert.

»**Auszeiten** sind so wichtig, weil wir uns dann auf uns besinnen und viel lachen und uns freuen. Man muss sich als Paar bewusst Auszeiten nehmen. Die Gefahr, dass man nur noch Papa und Mama ist, ist riesig. Wir müssen auch noch Annika und Freddy sein dürfen. Man muss sich immer wieder darauf besinnen, dass man sich liebt und ›Partner in Crime‹ ist. Man darf nie aufhören, sich zu entwickeln. Nicht stehen bleiben als Paar. In der Partnerschaft und Ehe darfst du keine Angst vor Veränderungen haben.« *Annika*

»**Kinder** haben unsere Partnerschaft nicht verändert, aber alles verstärkt, was vorher auch schon da war: Liebe, Zusammengehörigkeit. Aber sie haben auch die Konflikte, die wir vorher zur Seite schieben konnten, auf den Tisch geholt. Familie ist eine ›base‹, von der aus ich mein Leben leben kann. Die mich unterstützt und die ich unterstütze.« *Inga*

»**Wir** haben drei Kinder, und wer sagt, dass das dritte Kind einfach so mitläuft, der hat wohl keine drei Kinder. Es hat sich sehr viel verändert, denn neben dem großartigen Gefühl, Papa zu sein, brauchte es eine komplette Umstellung des Alltags. Wir müssen immer wieder darauf achten, dass unsere Bedürfnisse nicht zu kurz kommen, was uns nicht immer gelingt. Ein Thema, das mich immer wieder triggert, ist die Zeit allein als Paar. Ich vermisse manchmal die Unbeschwertheit, die wir früher hatten. Wir sprechen oft darüber, aber mir gelingt es nur noch selten, dieses Gefühl zu erleben. Ich denke, man muss die Rahmenbedingungen in kleinen Momenten des Alltags schaffen, sodass Paarzeit und Unbeschwertheit wieder möglich sein können. Was mir hilft, ist, mich zu erinnern, mich selbst nicht so wichtig zu nehmen und einmal mehr zu lachen.« *Max*

»**Die** Beziehung, die ich mit Tino führe, ist ganz anders als meine anderen Beziehungen. Das Einzige, wo wir immer wieder aneinandergerieten, waren die Herausforderungen mit unseren Kindern. Unsere Kinder waren von Anfang an Bestandteil unseres Weges. Es ist nicht einfach, wenn ein neuer Partner in der Erziehung mitredet. Für keine Seite. Aber ich denke, wir haben das ganz gut gemacht. Es war auch für Tino nicht einfach. Da waren meine Kinder, und er konnte seine nicht sehen. Das war für ihn ein wunder Punkt. Aber mit den Jahren hat sich das dann auch gefunden. Tino ist ein absolut liebevoller Stiefvater, und von den Enkelkindern wird er heiß geliebt.« *Bettina*

»Die Kinder haben unsere Partnerschaft sehr verändert, weil sie sehr viel Zeit und Raum einnehmen. Und da ist es eine Herausforderung, nicht zu vergessen, dass man auch noch ein Paar ist.« *Eva*

»Unser Kind hat unsere Beziehung sehr verändert. Wir waren zehn Jahre ohne Kind und haben all das gemacht, wonach uns der Sinn stand. Wir sind viel gereist und waren auch am Wochenende oft unterwegs. Mit Kind kommt nicht nur eine Routine ins Leben (die nicht schlecht ist!), es verändert sich auch der Fokus. Wir haben uns als Eltern neu kennengelernt. Es war eine neue Rollenfindung.« *Darija*

»Die Kinder haben unsere Partnerschaft komplett verändert. Wir waren immer sehr selbstbestimmt gewesen, sind viel gereist und haben wegen des Jobs und unserem Wunsch nach Unabhängigkeit erst recht spät das erste Kind bekommen. Wir dachten, wir leben unser ›altes‹ Leben weiter, nur mit einem Kind. Unsere erste Tochter hat uns eines Besseren belehrt. Aber wir haben nach und nach neue Rituale und Dinge, die uns glücklich machen, entwickelt. Ich hatte mir eigentlich immer eine große Familie gewünscht, weil ich Einzelkind war. Jetzt haben wir eine ›fast‹ große Familie, und ich könnte nicht glücklicher sein.« *Stefanie*

»Gerade das Leben in einer Patchworkfamilie kann sehr herausfordernd sein. Für alle Beteiligten ist es anfangs nicht so einfach, in die neue Situation hineinzuwachsen. Hier sind Zeit und Geduld wichtige Faktoren. Nicht alles kann und muss von Anfang an perfekt klappen. Es ist okay, zusammen zu wachsen und voneinander zu lernen.« *Louisa*

»Die Herausforderung in der Patchworkfamilie ist, dass wir als Paar wenig Zeit haben. Und auch, allen Bedürfnissen der Kinder in ihren unterschiedlichen Altersstufen gerecht zu werden. Für die Kinder war die Patchworkfamilie von Beginn an gut. Wir haben uns alle sehr schnell aneinander gewöhnt.« *Bea*

»Familie bedeutet für mich, einen Ort zu haben, an dem man sich fallen lassen kann, sich einbringen, aber auch rausziehen kann. Familie sollte einem nicht die eigene Identität nehmen, sondern diese ergänzen und erweitern. Familie ist für mich ein Ort, der mir Energie gibt.« *Joaquin*

SELBSTREFLEXION

Beantworte die Fragen gemeinsam mit deinem Partner:

- Welche Veränderungen haben eure Partnerschaft bisher geprägt?
- Inwiefern haben diese Veränderungen eure Beziehung gestärkt?
- Was ist das Gute an diesen Veränderungen?
- Welche zukünftigen Veränderungen könnt ihr euch gemeinsam vorstellen?
- Inwiefern könnten sich diese Veränderungen positiv auf eure Liebe auswirken?

DARIJA UND FRANK

Der Start in ihre Beziehung war für Darija und Frank alles andere als einfach. Es lag ein Berg an Herausforderungen vor ihnen, und dennoch haben sie sich nicht aufhalten lassen. Sie haben ineinander den richtigen Partner gefunden, haben von Beginn an gemerkt, dass sie sich sehr gut ergänzen und einfach nicht mehr ohne den anderen leben möchten.
Ihre Zeit als Paar zu zweit, die mit vielen Unternehmungen, beruflicher Entwicklung und Reisen gefüllt war, veränderte sich mit der Geburt ihrer Tochter. Plötzlich war da ein anderer Mittelpunkt. Ein wunderschöner, neuer Mittelpunkt, aber dennoch verschoben sich Prioritäten. Auf die eigenen Bedürfnisse und die als Paar zu achten, war nun nicht mehr so leicht möglich wie zuvor. Aber die neue Situation bot auch neue Chancen, zu wachsen – als Paar und Familie. Nach einiger Zeit haben sie gemeinsam Wege gefunden, die Erfüllung ihrer Bedürfnisse in das Familienleben zu integrieren. Sie haben Rituale entwickelt, die die gemeinsame Bindung stärken. Sie setzen sich gemeinsame Ziele als Paar und Familie, sie sprechen miteinander über ihre Wünsche und Bedürfnisse. So fühlt sich jeder gesehen und abgeholt. Und das ist es, was die Partnerschaft mit deinem Soulmate so wunderschön macht: Egal, was in eurem Leben geschieht, wenn ihr gemeinsam an einem Strang zieht, dann könnt ihr alles schaffen. Ihr werdet immer Lösungen finden. Dazu braucht ihr vor allem Empathie und Liebe.

Eure Zukunft gemeinsam gestalten

Mit deinem Seelenpartner an der Seite wächst du. Du entwickelst dich. Ihr entwickelt euch gemeinsam. Vielleicht verfolgt ihr sogar gemeinsame Projekte. Eines der Projekte von Joaquin und mir ist dieses Buch. Und wir haben noch viele weitere Träume, die wir uns erfüllen und gemeinsam erleben möchten.

Unsere Paare haben uns auf die Frage »Was wünscht ihr euch für eure Zukunft? Habt ihr gemeinsame Träume?« Folgendes geantwortet:

»**Dieselben** Träume haben wir vielleicht nicht, aber wir versuchen, die jeweils andere bei der Erfüllung ihrer Träume zu unterstützen oder ihr diese zu verwirklichen.« *Lara*

»**Ich** wünsche mir, dass wir uns weiterhin auf der Ebene des Herzens begegnen und viele unserer Träume gemeinsam verwirklichen können. Und dass die Liebe, die Wertschätzung und das Vertrauen bleiben.« *Bea*

»**Wir** wünschen uns, dass wir es weiterhin schaffen, unsere Liebe und ›Seelenverwandtschaft‹ zu pflegen. Wir freuen uns auf alle Lerngeschenke, die noch auf uns als Paar warten.« *Darija und Frank*

»Ich wünsche mir für uns ein langes, glückliches Leben, dass wir zusammen noch viel Kreativität in die Welt bringen und einfach zusammen sein dürfen.« *Bettina*

»Ich wünsche mir für unsere Zukunft, dass wir uns Familie und Beruf teilen können: dass wir beide uns über unsere beruflichen Träume bewusst werden und diese verwirklichen können, aber auch für die Familie da sind. Und dass wir später auf unserem Schaukelstuhl Arm in Arm sitzen und ich immer noch zu Franz sage: ›Für mich ist der schönste Platz in deinen Armen.‹« *Inga*

Die folgende Übung soll dir mehr Klarheit darüber geben, wie du und dein Seelenpartner eure Zukunft gestalten möchtet. Du kannst diese Übung allein machen oder gemeinsam mit deinem Partner.

ÜBUNG: Was wünschst du dir für deine Zukunft?

Stelle dir vor, du bist 30 Jahre in der Zukunft. Du und dein Partner sitzt an einem wunderschönen Ort. Ihr blickt zurück auf euer gemeinsames Leben. Was denkst und fühlst du? Was sagt ihr zueinander?
Wenn du dies für dich reflektiert hast, stelle dir vor, dein zukünftiges Ich würde mit dir sprechen. Was würde es dir raten? Welche Botschaft hat es für dein heutiges Ich?

Unsere Soulmates haben diese Übung auch absolviert und gaben folgende Antworten:

»**Mein** Partner und ich blicken zurück auf unser Leben und sehen das Geschenk der Liebe und der Wahrhaftigkeit. Wir sind stolz und froh, dass wir als Paar nicht nach den Regeln und Normen der Gesellschaft gelebt haben. Stattdessen haben wir neue Werte von Beziehung gelebt. So gesehen sind wir Vorreiter für andere Generationen.« *Daniela*

»**Wenn** ich auf unser gemeinsames Leben zurückblicke, sprudle ich über vor Liebe. Und das wird auch in 30 Jahren so sein. Und ich werde sagen, was wir für ein unfassbares Glück haben. Franz wird mir zuhören und mir mit einem leisen Brummen zustimmen.« *Inga*

»**Wir** blicken zurück und sagen uns: ›Wir haben alles richtig gemacht, miteinander diesen Weg zu gehen, einander zu vertrauen und füreinander da zu sein.‹« *Simon*

»**Das** Leben hat es gut mit uns gemeint, und ich fühle tiefe Dankbarkeit und Liebe. Dankbarkeit für unsere Familie, unsere Intuition, die uns bis dorthin immer geleitet hat, und Dankbarkeit für das Schicksal, das uns zusammengebracht hat. Meinem Soulmate Alexandra würde ich danken für ihre Liebe, ihr Vertrauen, ihre Geduld, ihre erbrachten Opfer, zwei wundervolle Kinder und die Liebe, die sie den beiden ›Bonuskindern‹ entgegengebracht hat.« *Joaquin*

»**Wir** sagen uns gegenseitig: ›Danke, dass du immer noch an meiner Seite bist!‹ Wir blicken sehr stolz auf unsere Tochter und erfreuen uns an unserer Familie. Wir sitzen dann hoffentlich auf unserem kleinen Weingut mit Feinkostlädchen.« *Darija und Frank*

»**In** 30 Jahren bin ich dankbar für alle Erfahrungen, die mich an den Punkt gebracht haben, wo ich bin. Ich bin dankbar, dass das Leben uns damals zusammengeführt hat, und glücklich, dass wir all unsere Träume zusammen verwirklichen konnten und unsere Kinder so gut ins Leben gefunden haben.« *Bea*

»**Ich** sage zu Sascha: ›Das haben wir ganz schön gut gemacht!‹« *Julia*

»Ich bin dankbar und weiß, dass es der richtige Weg war, den wir gegangen sind.« *Louisa*

»Freddy und ich sitzen vor unserem Haus auf einer Bank, halten Händchen und unterhalten uns über unsere Kinder und Enkelkinder. Wir sagen uns: ›Schau mal, wie schön wir das alles gemeistert haben und was für blöde Zweifel wir am Anfang hatten. Schau mal, wie schön alles ist.‹« *Annika*

»Joaquin und ich sitzen auf einem Berg, schauen in die Weite. Wir halten unsere Hände. Unsere Herzen fühlen sich verbunden. Wir fühlen beide große Dankbarkeit, Demut und Liebe. Ohne zu reden, wissen wir, wie es dem anderen geht. Wir sind dankbar für unser Leben, alle Höhen und auch die Tiefen, die uns noch stärker verbunden haben. Wir sind dankbar für unsere Kinder, dafür, dass sie so glücklich und gesund ihr eigenes Leben leben. Wir fühlen uns frei und wissen: Alles sollte genau so sein.« *Alexandra*

»Oh, in 30 Jahren sind wir über 90, und ich sehe uns, wie wir unser Vermächtnis bestaunen. Wie so viele Menschen in ihrer Seelensprache sprechen, wie sie ihren Seelengesang in die Welt tragen und wie unser abendfüllendes Programm ›Soiree romantic‹ gerade in verschieden Städten auf der Welt aufgeführt wird. Und wie unsere Seelen-Musik in der ganzen Welt für Heilung, Transformation und Herzensliebe steht.« *Bettina*

Dein Lebenssinn

Dein Soulmate wird dich darin bestärken,
deinen Lebenssinn zu erkennen und zu leben.
Das ist eure Aufgabe:
euch gegenseitig in eurem Lebenssinn zu unterstützen.
Das Beste aus euch herauszuholen.
Euer ganzes Potenzial, eure ganze Liebe zu leben.
Und zu teilen. Dazu haben sich eure Seelen verabredet.
Deshalb seid ihr euch hier auf der Erde wiederbegegnet.
Das ist der Grund, warum ihr euch so vertraut seid.
Warum ihr euch so gut kennt.
Warum euch klar war, dass ihr zusammengehört.
Denn ihr wusstet es schon.
Eure Intuition, die Stimme eurer Seele,
hat euch geleitet und zueinandergeführt.

Vielleicht lernst du deinen Lebenssinn mit oder durch deinen Partner kennen. Oder vielleicht kennst du ihn auch schon. In jedem Fall ist es sehr wertvoll, dir deines eigenen Lebenssinns bewusst zu sein. Oftmals ist es so, dass wir diesen erst leben, wenn wir unseren Soulmate gefunden haben. Dass erst dann die Türen geöffnet werden, die das volle Potenzial ermöglichen.

Bei mir (Alexandra) war es jedenfalls so. Mit der Beziehung zu Joaquin hat sich mein gesamtes Leben geändert. Ich habe nicht nur den Wohnort gewechselt, sondern teilweise auch einen neuen Freundeskreis aufgebaut. Erst in der Partnerschaft mit Joaquin habe ich mich getraut und wurde ich von ihm darin bestärkt, auch beruflich endlich meiner Intuition zu folgen und einen komplett neuen Berufsweg einzuschlagen. Damals habe ich meine Festanstellung als Produktmanagerin in einem internationalen Konzern aufgegeben und vier verschiedene Coachingausbildungen begonnen und abgeschlossen. Das war der Beginn meiner spirituellen Entwicklung und Selbstständigkeit. Das Schreiben kam dann einige Jahre später dazu. Auch hierin hat mich Joaquin immer unterstützt. Er ist mein größter Bewunderer, aber auch ein konstruktiver Kritiker. Durch ihn traue ich mich, an mich zu glauben, und kann über mich hinauswachsen. Er hilft mir dabei, mein Seelenpotenzial ganz zu entfalten.

Unsere Beziehung hat für uns beide den Startschuss gegeben für unsere persönliche Entwicklung. Wir bewältigen auch heute gemeinsam Situationen, vor denen wir früher Angst hatten. Wenn der Alltag dann mal wieder an unsere Tür klopft und wir wenig Zeit für uns als Paar haben, dann erinnern wir uns an »uns« und unseren gemeinsamen Sinn und daran, wie stark wir gemeinsam sein können.

Als wir zusammenkamen, hatte ich bereits tief in mir das Gefühl, dass wir einander brauchen, um zu wachsen. Ich hatte das Gefühl, dass mein Ex-Mann und ich an der Stelle, an der wir waren, nicht weiterkamen. Dass wir bereits alles, was wir voneinander lernen sollten, gelernt hatten. Und dass es für uns beide nun weitergehen musste. Ich war mir sicher, dass auch er sehr bald eine neue Partnerin finden würde, mit der er genau das leben konnte, was er brauchte. Und dass Joaquin dieser Partner für mich war, mit dem ich lernen konnte, was meine Seele sich vorgenommen hatte. Dieses Gefühl kennen auch unsere Soulmates.

Dein Soulmate und du, ihr seid euch begegnet,
um voneinander und miteinander zu lernen.
Ihr seid füreinander die beste Entwicklungschance.
Ihr seid diejenigen, durch die die spirituelle Entwicklung in den Fluss kommen kann. Du und dein Soulmate, ihr unterstützt euch dabei,
euren jeweiligen Lebenssinn zu erkennen.
Und das Tolle daran ist: Wenn ihr einen gemeinsamen Sinn findet,
stärkt dies zudem eure Beziehung.

»**Die** Liebe zur Musik ist der rote Faden in unserem Leben. Schon an unserem ersten zusammen verbrachten Wochenende entstand unser erstes gemeinsames musikalisches Werk. ›Klautest mir den Stern vom Himmelszelt‹ war eine wunderschöne Ballade. Die Seelenmusik ist unser Vermächtnis. Für uns ist es ein großes Geschenk, dass wir sie, solange wir noch auf dieser Welt wandeln, in die Welt bringen dürfen.« *Bettina*

»**Vielleicht** gehört zu meinem Lebenssinn, Männern zu vermitteln, dass, eine weiche Seite zu haben, Gefühle zu leben und seiner Intuition zu folgen, nichts Verwerfliches ist. Dass dies kein Zeichen von Schwäche ist, sondern von Stärke.« *Joaquin*

»**Unser** Sinn ist es, die Welt zu entdecken, zu lernen und glücklich zu sein.« *Darija*

»**Ich** glaube, der Lebenssinn ändert sich je nach Lebensphase. Lange waren es für mich die Karriere und, unabhängig von allem und jedem zu sein, was sich natürlich schnell überholt hat. Zurzeit ist es mein Lebenssinn, meine Familie und unsere Kinder auf ihrem Weg zu begleiten. Ich kann mir aber auch vorstellen, dass man nicht immer nach dem Sinn fragen muss und dass die kleinen sinnhaften Dinge im Leben oft ausreichen. Ich habe letzte Woche eine neue Hecke im Garten gepflanzt und fand den Tag sehr sinnstiftend.« *Max*

»**Der** rote Faden und der Sinn in meinem Leben ist die Liebe. Erst war es der Traum von der Liebe. Den habe ich mir erfüllt. Und nun ist es mein Traum, auch beruflich durch die Liebe etwas erleben und ausdrücken und gleichzeitig unsere Familie ernähren zu können. Das ist eine Weiterentwicklung meines Traumes. Und das Gefühl von Liebe ist dabei mein Wegweiser.« *Inga*

»**Der** rote Faden in unserem Leben ist das Glück. Wir gestalten jeden Tag so, dass wir als Paar und als Familie zufrieden und glücklich sind.« *Darija und Frank*

ÜBUNG: Dein Lebenssinn

Es kann hilfreich sein, vor dieser Übung noch einmal kurz die Übungen aus Kapitel 1 zu rekapitulieren, in denen du deine Muster und Erfahrungen reflektiert hast. Anschließend beantworte gemeinsam mit deinem Partner die folgenden Fragen – zunächst jeder für sich:

› Was, meinst du, ist dein Lebenssinn?
› Was darfst du anderen schenken?
› Was durftest du in deinem Leben lernen und kannst du nun vielleicht weitergeben?
› Wenn du zehn Minuten zur besten TV-Sendezeit bekommen würdest, worüber würdest du sprechen?
› Was lässt dein Herz höher schlagen?
› Was kommt durch dich in die Welt?
› Was darfst du immer wieder für dich erkennen, und woran darfst du dich immer wieder selbst erinnern?

Wenn du und dein Partner diese Fragen beantwortet habt, tauscht euch darüber aus. Vielleicht gibt es eine gemeinsame Komponente oder etwas, was ihr gemeinsam erschaffen könnt.

Wenn du und dein Soulmate die tiefsten Verletzungen und Trigger in eurem Leben geheilt habt, euch nicht mehr nur vom Ego leiten lasst, sondern eine bedingungslose Liebe lebt, seid ihr vielleicht auch bereit, diese weiterzugeben und mit eurer Beziehung einen Beitrag für mehr Liebe in dieser Welt zu leisten. *Denn bedingungslos lieben bedeutet auch geben.*

Ihr seid euch nicht ohne Grund in diesem Leben begegnet. Eure Seelen haben sich verabredet. Sie haben sich verabredet, damit ihr gemeinsam etwas in dieser Welt bewegt. Eure Partnerschaft hat einen Sinn. Nicht nur für euch, sondern auch für die Welt. Vielleicht klingt das seltsam für dich, und du fragst dich, was dieser Sinn sein soll. Dann stelle dir diese Frage noch einmal aus Sicht deiner Seele: Wozu seid du und dein Partner euch begegnet? Welche Themen dürft ihr euch ansehen? *Was ist euer gemeinsamer Sinn?* Was kommt durch euch in die Welt? Durch welche eurer Erfahrungen könnt ihr Veränderungen bewirken? Wie könnt ihr die bedingungslose Liebe, die ihr in eurer Beziehung lernt und lebt, dafür nutzen, die Welt, in der wir leben, zu verschönern? Was ist euer gemeinsamer Sinn?

BETTINA UND TINO

Ein Paar, das für mich (Alexandra) seinen gemeinsamen Sinn lebt, sind Bettina und Tino. Als ONITANI machen sie spirituelle Musik, die Menschen tief in der Seele berührt. Als ich mit Bettina über ihre Beziehung mit Tino sprach, wurde die tiefe Verbindung der beiden direkt spürbar. Eine große, bedingungslose Liebe verbindet sie. Und sie leben diese Verbindung nicht nur für sich als Paar, sondern erschaffen durch sie etwas Sinnvolles für andere.
Bettina sagte mir im Interview:
»Wenn ich zurückblicke, ist der Lebenssinn für mich, glücklich zu sein. Alles, was ich mache, muss mir Freude bereiten, aus dem Herzen kommen, und ich will es mit Tino erleben und teilen. Unser gemeinsamer Lebenssinn sind unsere Seelen-Musik, die Familie, unsere Tiere, die uns begleiten, unsere Freunde, mit denen wir den Weg teilen. Und wir haben viele gemeinsame Projekte und immer wieder neue Ideen. Wir lieben es, zusammen neue Felder zu entdecken, zu erwecken und kennenzulernen. Es gibt aber auch Dinge, die wir allein machen, aber immer mit der Unterstützung des anderen. Wenn ich eine Ausbildung gemacht habe, hat sich Tino immer dafür interessiert und konnte sich so ebenfalls Wissen aneignen, allein durch meine neu gemachten Erkenntnisse, durch Bücher, durch Filme, eben alles, was mit dem neuen Weg zu tun hatte. Ehe wir es uns versahen, hatte sich so schon wieder ein gemeinsames neues Feld aufgetan. Sei es das Feld der Medialität, das Wissen der Maya, Ägypten. Tino hat seine Spezialgebiete, ich habe meine, aber zusammen haben wir ein großes, gemeinsames Wissen und Wirkungsfeld.«

Die Liebe lebendig halten

Praktische Tipps für eine glückliche Beziehung

Paare, die schon länger zusammen sind und auch Kinder haben, haben sich diese Frage vielleicht schon gestellt: Wie hält man die Liebe lebendig?

Im stressigen Alltag, in dem der Beruf, verschiedene Verpflichtungen und vielleicht auch Kinder viel Raum beanspruchen, kommt die Zeit als Paar oft viel zu kurz. Die Prioritäten verschieben sich.
Vielleicht hast du auch manchmal das Gefühl, dass ihr als Paar nur noch funktioniert, oder du vermisst die Selbstbestimmtheit und Freiheit, die ihr hattet, als ihr frisch zusammen wart. So geht es vielen Paaren, die wir coachen. Und auch unsere Soulmates kennen solche Gedanken.

Was also können wir als Paar tun, um die Liebe lebendig zu halten?

Einige praktische Tipps unserer Soulmates teilen wir hier mit euch:

»**Für** mich hält die Liebe lebendig, den Partner in seinen Wünschen, Träumen und Bedürfnissen zu unterstützen. Ihm Raum zu geben für das, was ihn glücklich macht.« *Stefanie*

»**Wir** versuchen, uns schöne Auszeiten vom Alltag zu schaffen, reisen gern miteinander, gehen gern essen.« *Simon*

»**Sich** mehr Zeit zu nehmen, war ein Kampf. Es war ein Prozess. Freddy drehte früher acht Filme pro Jahr, jetzt zwei, damit er mehr Zeit für uns hat. Er hat gemerkt, wie sehr die Kinder ihn brauchen. Aber es war auch für uns als Paar wichtig, dass er weniger arbeitet. Dafür kann ich wieder mehr arbeiten als Sprecherin und als Moderatorin im Frühstücksfernsehen.
Ich weiß, dass Freddy seinen Job unheimlich liebt. Für ihn war die Entscheidung, weniger zu drehen, nicht leicht. Diesen Schritt hat er für mich gemacht, weil ich ihm lange den Rücken freigehalten hatte. Als die Kinder sehr klein waren, war ich hauptsächlich für sie da. Doch jetzt, wo ich wieder mehr arbeite, ist er da.« *Annika*

»**Es** fällt mir nichts schwer an Tino. Ich liebe ihn so, wie er ist. Das heißt nicht, dass es nicht auch Situationen gibt, die mich auf die Palme bringen. Aber dann werden sie geklärt und sind erledigt. Dies hält die Beziehung lebendig und wird wohl so sein, bis einer von uns auf die andere Seite geht.« *Bettina*

»**Meine** Frau erinnert mich jeden Tag aufs Neue daran, dass jeder Tag erst einmal gut ist. Und sich kein Streit lohnt, in dem man nicht in wenigen Sätzen sagen kann, worum es einem geht.« *Kai*

»**Man** sollte in der Partnerschaft immer akzeptieren, dass die Beziehung in Bewegung ist. Dass es mal regnet und dann auch wieder die Sonne scheint. Wenn eine Beziehung stillsteht, dann stimmt etwas nicht. Bewegung ist der Schlüssel. Wichtig für unsere Partnerschaft sind aber auch Ehrlichkeit, Toleranz und, mindestens 15 Minuten am Tag Inseln für uns als Paar zu schaffen. Das ist manchmal sehr schwer, weil wir so viele Termine haben und ein offenes Haus, wo viele Menschen ein und aus gehen. Daher macht für uns gute Organisation eine glückliche Beziehung aus.« *Annika*

»**Meine** Tipps für eine glückliche Beziehung? Kompromisslose Selbstverantwortung für die eigenen Gefühle übernehmen und versuchen, der Ursache von Problemen auf den Grund zu gehen, anstatt Symptome zu bekämpfen. Am Leben des anderen teilnehmen und ihn am eigenen Leben teilhaben lassen. Ab und zu eine gute Party, und öfter mal zu zweit auf Erfolge anstoßen, egal, wie klein sie sein mögen.« *Inga*

»**Ein** Babysitter, der nicht zur Familie gehört.« *Eva*

»**Bleibt** ihr selbst. Versucht nicht, euren Partner zu verändern. Seht mit dem Herzen. Fokussiert euch auf das, was euch verbindet, statt auf das, was euch trennt. Probiert neue Dinge. Gönnt euch Auszeiten. Hört einander wirklich zu – ohne unbedingt etwas sagen zu wollen. *Nur* um des Zuhörens willen. Seid verrückt. Unterstützt euch gegenseitig in euren Träumen. Seid liebevoll. Lacht. Feiert eure Verbindung. Sagt dem anderen, was ihr an ihm liebt. Tanzt. Seid im Moment. Tut Dinge gemeinsam, die ihr noch nie getan habt. Seid ehrlich zueinander, und sprecht aus dem Herzen. Liebt euch aus vollem Herzen. Verzeiht euch schnell. Das Leben ist zu kurz für Dramen.« *Bea*

»**Für** mich ist Kommunikation das Allerwichtigste. Zu wissen, wie es meinem Partner wirklich geht, sich auszutauschen über alles, was im Leben geschieht und was einen beschäftigt, was man sich wünscht, wonach man sich sehnt. Manchmal ist es im Alltag nicht leicht, Zeit für intensive Gespräche zu finden. Gerade mit Baby sind wir abends oft zu müde, um noch viel zu reden. Dann ist es umso wichtiger, sich wieder bewusst Zeit für den Austausch zu nehmen. Und ich finde auch Nähe sehr wichtig. Auf allen Ebenen, körperlich, mental und emotional. Denn durch sie spürt man die Verbindung zum anderen. Konflikte entstehen ja eigentlich nur, wenn man sich getrennt fühlt. Spürt man jedoch die emotionale Verbindung, ist kein Streit wirklich relevant.« *Alexandra*

»**Es** hört sich manchmal so einfach an, wenn man sagt: ›Redet einfach miteinander.‹ Dabei ist es eben nicht immer einfach. Denn das erfordert Empathie und schonungslose Ehrlichkeit mit sich selbst.
Wir handhaben es tatsächlich so, dass wir uns vor dem Gespräch genau überlegen, warum uns das eine oder andere stört bzw. welches andere Verhalten oder welche Unterstützung wir uns in der Situation wünschen.
Bei allem – egal, ob es um Konflikte geht oder alltägliche Dinge – ist für uns wichtig, dass wir immer davon ausgehen, dass unser Gegenüber nichts Böses im Sinn hat. Natürlich klappt das nicht immer, und natürlich gibt es bei uns auch Zeiten, in denen es nicht so gut läuft. Doch die Zuversicht oder vielmehr das Wissen, dass es wieder gut wird, weil wir uns lieben und immer daran arbeiten werden, hilft uns sehr.« *Darija und Frank*

Wie du siehst, gibt es ganz verschiedene und individuelle Ansätze, um eine Beziehung lebendig zu halten. Wir (Joaquin und Alexandra) sind uns sicher: Ihr selbst seid die besten Experten für eure Beziehung. Ihr wisst, was ihr braucht, um als Paar lange glücklich zu sein. Manchmal braucht es nur ein paar Impulse von außen und die richtigen Fragen.

SELBSTREFLEXION ALS PAAR

- Wie würdet ihr eure Beziehung beschreiben?
- Welcher Begriff steht für eure Beziehung und warum?
- Was könnt ihr tun, um eure Beziehung lebendig zu halten?
- Was tut euch gut? Was braucht ihr, um eure Liebe zu spüren?
- Und wie könnt ihr das regelmäßig in euren Alltag integrieren?
- In welchen Punkten kannst du dich auf deinen Partner verlassen?
- In welchen Situationen fühlst du dich von deinem Partner gehalten und unterstützt?
- Welche gemeinsame Situation aus den letzten Tagen war besonders schön?
- Was schätzt du an deinem Partner ganz besonders?
- Worin seid ihr ein tolles Team?
- Wann seid ihr im Flow?
- Was sind eure jeweiligen Stärken, und was ist eure Stärke als Paar?
- Worin ergänzt ihr euch?
- In welcher Situation in letzter Zeit war dein Partner ein guter Freund?

Wenn ihr euch eurer Stärken bewusst seid, könnt ihr euch in schwierigen Zeiten darauf besinnen, um wieder in euren ganz eigenen Flow zu kommen.

Happy End

Den richtigen Partner zu finden und eine glückliche Beziehung zu leben, ist möglich und wunderschön. Es bedeutet Arbeit – an uns selbst und als Paar. Aber diese »Arbeit« wird mit noch mehr Liebe, Nähe, Wertschätzung und Dankbarkeit belohnt. Einige Beispiele dazu haben wir mit dir in diesem Buch geteilt. Wir hoffen, du konntest dich an der einen oder anderen Stelle wiederfinden. Und hast die verschiedenen Perspektiven und Ansätze, so wie wir, als Bereicherung empfunden. Denn Liebe ist vielseitig. Und einfach das Wichtigste auf der Welt.

Danke, dass du dieses Buch gelesen hast. Wir hoffen so sehr, dass es dich dabei unterstützt, die große Liebe in deinem Leben zu finden und zu halten. Dass dich die Erfahrungen unserer Soulmates und die Übungen inspiriert und dazu befähigt haben, dich für deinen Soulmate zu öffnen, deinen Weg klarer zu sehen, alte Muster und Trigger zu lösen, dir über dein Kommunikations- und Konfliktverhalten bewusst zu werden und dadurch mehr Empathie in deine Beziehung zu bringen.
Wir sind uns sicher: Du wirst deinem Soulmate begegnen, wenn du dafür bereit bist. Du brauchst keine Angst zu haben: Es ist nie zu spät! Die Liebe wird dich finden.
Und wenn du schon in einer Beziehung mit deinem Soulmate lebst, wird es sicherlich einige Höhen und Tiefen geben. Aber ihr werdet euch immer wieder auffangen, euch Halt geben und gemeinsam weitergehen. Und euch in alldem immer wieder an die bedingungslose Liebe erinnern.
Falls du oder ihr als Paar weitere Unterstützung auf eurem Weg benötigt, melde dich gern bei uns. Alles zu unseren Büchern, Kursen und Coachingangeboten findest du unter: www.alexandramolina.de.
Vielleicht lernen wir uns ja sogar auf einem Seminar kennen, das würde uns sehr freuen.

Alles Liebe
Alexandra und Joaquin

Danke

Von Herzen danke an alle Paare, die dieses Buch mit ihren wertvollen Erfahrungen bereichert haben. Danke, dass ihr so ehrlich geantwortet habt. Es hat viel Spaß gemacht, mit euch über das schönste, aber vielleicht auch am meisten fordernde Thema der Welt zu sprechen.

Danke an das gesamte Team des Schirner Verlags, besonders an Heidi und Markus Schirner für euer Vertrauen und an unsere Lektorin Kerstin Noack-Zakel für die tolle Unterstützung.

Vielen, vielen Dank an Stefanie Mannheim, die uns bei der Umsetzung dieses Buches so wundervoll unterstützt hat.

Und natürlich danke an dich, lieber Leser, der du dieses Buch gelesen hast. Das bedeutet uns sehr viel.

Quellenverzeichnis

Eric Berne: Die Transaktions-Analyse in der Psychotherapie. Eine systematische Individual- und Sozial-Psychiatrie, Junfermannsche Verlagsbuchhandlung 2006

Eric Berne: Transaktionsanalyse der Intuition. Ein Beitrag zur Ich-Psychologie, Junfermannsche Verlagsbuchhandlung 1991

Eric Berne: Spiele der Erwachsenen. Psychologie der menschlichen Beziehungen, Rowohlt 2002

John M. Gottman: Die 7 Geheimnisse der glücklichen Ehe, Ullstein Verlag 2014

Dr. Joseph Murphy: Die Macht des Unterbewusstseins, Ariston 2016

Marshall B. Rosenberg: Gewaltfreie Kommunikation. Eine Sprache des Lebens, Junfermann Verlag 2016

Renate und Ulrich Dehner: Schluss mit diesen Spielchen, Campus Verlag 2014

Renate und Ulrich Dehner: Introvision. Die Kunst, ohne Stress zu leben, Herder Verlag 2015

Bildnachweis

Bilder von der Bilddatenbank www.shutterstock.com:
Schmuckelemente auf allen Seiten: Kreis #475212322 (© Olga_C), Pfeile #412568428 (© Nikolaeva), Aquarell in Türkis #626116226 (© chyworks), Hintergrundfläche Tipp/Hinweis #92978041 (© soosh)
Weitere Bilder: S. 1 #533751649 (© Giorgio Morara), S. 8 #308266919 (© Pushish Images), S. 21 #221010295 (© Akuma-Photo, S. 28 #1810976710 (© 4 PM production), S. 35 #1791438581 (© Maria Markevich), S. 36 #446378644 (© macondo), S. 41 #1374918401 (© fizkes), S. 45 #180138134 (© Will Rodrigueso), S. 50 #563276542 (© nito), S. 57 #1303583446 (© Evgeny Atamanenko), S. 62 #558326995 (© taramara78), S. 71 #289584068 (© Ivan Kruk), S. 81 #1029999391 (© Gorynvd), S. 86 #298801541 (© A3pfamily), S. 91 #538519228 (© Rawpixel.com), S. 97 #1723138471 (© Breslavtsev Oleg), S. 103 #699255889 (© Rawpixel.com), S. 110 #1181556631 (© mavo), S. 114 #717583243 (© kovop58), S. 120 #450844810 (© Evgeny Atamanenko), S. 124 #1231591474 (© fizkes), S. 135 #1009345879 (© NAOWARAT), S. 145 #1650469936 (© NT_Studio), S. 157 #1188687253 (© Monkey Business Images), S. 166 #1477532243 (© Cherries)

Schmuckelement Herz mit liegender Acht: © Simone Fleck, Schirner

Paarfotos: Annika und Frederick: © Annika Lau; Julia und Sascha: © Julia Röntgen; Bea und Mike: © privat; Inga und Franz: © Inga Hanka; Daniela und Tom: © privat; Bettina und Tino: © privat; Melanie und Kai: © littemissmimi; Stefanie und David: © privat; Darija und Frank: © Darija Barrech und Frank Schäfer

Über die Autoren

Alexandra Molina, 1980 in München geboren, lebt mit ihrer Familie in Krefeld am Niederrhein. Nach erfolgreichen Jahren in verschiedenen Funktionen im Personalwesen, zuletzt in einem internationalen Konzern, widmete sich die BWLerin ihrer eigentlichen Leidenschaft: der Psychologie, Persönlichkeitsentwicklung und Spiritualität. Sie machte Ausbildungen zum Personal und Business-Coach, Journey Practitioner nach Brandon Bays sowie Kinder- und Jugendcoach. Seitdem schreibt sie Bücher für Kinder und Erwachsene und unterstützt Menschen dabei, deren Intuition zu vertrauen, sich freier zu fühlen sowie deren Seelenaufgabe zu finden und zu leben.
www.alexandramolina.de

Joaquin Molina ist seit über 20 Jahren im Personalmanagement und der Personalentwicklung tätig. Er hat in dieser Zeit zahlreiche Coachings im beruflichen und privaten Umfeld angeboten und ist als Führungskraft seit mehr als einem Jahrzehnt in der Begleitung von Menschen in deren Entwicklung aktiv. Er ist ausgebildeter Coach (DBVC), zertifizierter Introvisionscoach, Vater von vier Kindern und wohnt mit seiner Familie am Niederrhein.

Alexandra Molina & Stefanie Köster
Buch: Der kleine Elefant, der an sich glaubt
Tiergeschichten über Mut, Selbstvertrauen, Stärke und das einzigartige Geschenk in dir
80 Seiten
ISBN 978-3-8434-1465-4

Alexandra Molina & Stefanie Köster
Kartenset: Ich bin ich!
40 Affirmationen und Rituale, die Kinder stark machen
40 Karten mit Anleitung
ISBN 978-3-8434-9181-5

Alles, was Kinder stark macht

Manchmal fehlt uns der Mut, an uns selbst zu glauben. So geht es auch dem kleinen Elefantenmädchen Elsa. Sie lebt im Zirkus und träumt davon, frei in der Natur mit anderen Elefanten zu spielen. Nur meinen die anderen Zirkustiere, ihr Traum sei viel zu groß. Zum Glück bekommt sie bald Besuch von einem Schmetterling, der sie ermutigt, auf ihr Herz zu hören und an sich zu glauben – denn dann ist alles möglich.
Auch die Giraffe Amelie, der Pinguin Lulu oder die Meeresschildkröte Emilie lernen wichtige Dinge, zum Beispiel, dass jeder einen leuchtenden Schatz in sich trägt. Dass alle Gefühle okay sind – auch die, die uns mal besonders laut oder ganz leise werden lassen. Oder wie wichtig es ist, auf unsere Erde zu achten.

Das Buch enthält sechs liebevoll illustrierte Geschichten mit wertvollen Botschaften wie »Glaub an dich«, »Alle Gefühle sind wichtig«, »Du bist wertvoll, egal, was andere sagen«, »Hör auf dein Herz«.

Im Kartenset vermitteln die sechs Tierhelden unseren Kleinen als kleines Ritual am Morgen, vor dem Schlafengehen oder für zwischendurch Affirmationen für Selbstvertrauen, Achtsamkeit, Liebe und einen guten Umgang mit starken Gefühlen.